El Matrimonio
El amor y la vida en el plan divino

Carta pastoral de la
Conferencia de Obispos Católicos de los Estados Unidos

Conferencia de Obispos Católicos de los Estados Unidos
Washington, D.C.

El documento *El matrimonio: El amor y la vida en el plan divino* fue elaborado por el Comité en Laicado, Matrimonio, Vida Familiar y Juventud de la Conferencia de Obispos Católicos de los Estados Unidos (USCCB, por sus siglas en inglés). El documento fue aprobado por el cuerpo de obispos católicos de Estados Unidos durante su reunión general en noviembre de 2009 y ha sido autorizado para su publicación por el suscrito.

Monseñor David J. Malloy, STD
Secretario General, USCCB

Los textos de la Sagrada Escritura han sido tomados del *Leccionario* © 1993, 2004, Conferencia Episcopal Mexicana. Los textos del Ct 4:9-10 y de 1 Co 10:13 han sido tomados de la *Nueva Biblia de Jerusalén* © 1998 Editorial Desclée De Brouwer, S.A., Bilbao.

Las citas del *Catecismo de la Iglesia Católica*, segunda edición © 2001, Libreria Editrice Vaticana–United States Conference of Catholic Bishops. Utilizados con permiso. Todos los derechos reservados.

Las citas de los documentos del Concilio Vaticano II y del *Código de Derecho Canónico* han sido extraídas de la página web oficial del Vaticano. Todos los derechos reservados.

Textos de Juan Pablo II, *Familiaris Consortio*, © 1982, Libreria Editrice Vaticana (LEV), Ciudad del Vaticano; textos de Benedicto XVI, *Caritas in Veritate*, © 2009, LEV; textos de Juan Pablo II, *Mulieris Dignitatem*, © 1988, LEV; textos de Benedicto XVI, *Deus Caritas Est*, © 2005, LEV; textos de Pablo VI, *Humanae Vitae*, © 1968, LEV; textos de *Consideraciones acerca de los proyectos de reconocimiento legal de las uniones entre personas homosexuales* © 2003, LEV; textos de *Familia, matrimonio y "uniones de hecho"* © 2001, LEV; utilizados con permiso. Todos los derechos reservados.

Imagen de la portada, *Wedding at Cana* [Bodas de Caná], copyright © Vladimir Grygorenko, *www.orthodox-icon.com*.

Primera impresión, enero de 2010

ISBN 978-1-60137-815-6

Copyright © 2010, United States Conference of Catholic Bishops, Washington, D.C. Se reservan todos los derechos. Ninguna porción de este trabajo puede reproducirse o ser transmitida en forma o medio alguno, ya sea electrónico o mecánico, incluyendo fotocopias, grabaciones, o por cualquier sistema de recuperación y almacenaje de información, sin el permiso por escrito del propietario de los derechos.

ÍNDICE

Introducción: La bendición y el don del matrimonio 1

Primera parte: El matrimonio en el orden de la creación—
La institución natural del matrimonio...................... 7
    ¿Qué es el matrimonio? 7
    La complementariedad entre varón y mujer es esencial
        para el matrimonio................................ 9
    Los dos fines o propósitos del matrimonio.................. 11
    ¿Cómo se relacionan los dos fines del matrimonio?.......... 15
    Desafíos fundamentales a la naturaleza y propósitos
        del matrimonio 17

Segunda parte: El matrimonio en el orden de la nueva
creación—*El sacramento del matrimonio*..................... 29
    La vida matrimonial afectada por el pecado original 29
    El matrimonio restaurado en Cristo 30
    El matrimonio cristiano como sacramento 32
    El matrimonio como reflejo de la vida de la Trinidad........ 35
    La familia como iglesia doméstica........................ 38
    El matrimonio como vocación........................... 43
    El crecimiento en el matrimonio cristiano 45
    El crecimiento en las virtudes........................... 47
    El crecimiento hacia la perfección 52
    El matrimonio y la Eucaristía 53
    El matrimonio realizado en el Reino de Dios 56

Un compromiso con el ministerio........................... 57

Sobre la portada

Este icono de las Bodas de Caná, escrito por el artista e iconógrafo contemporáneo Vladimir Grygorenko, retrata los elementos fundamentales de la conocida historia del Evangelio de Juan (2:1-11). A la derecha, el mayordomo le dice al novio, que está sentado junto a la novia, que el vino mejor ha sido guardado para el final. El segundo hombre a la derecha representa a los invitados al banquete de bodas, que no comprenden el significado de lo que ha acaecido. En el primer plano, el servidor vierte el agua por orden de Cristo, y a la izquierda María conversa con Cristo. Esta conversación revela el deseo de Cristo de ayudar a la pareja de casados a solicitud de María, y es esencial para el significado de la obra.

Introducción: La bendición y el don del matrimonio

―――――――――― ∞ ――――――――――

Bendito sea Dios, Padre de nuestro Señor Jesucristo, que nos ha bendecido en él con toda clase de bienes espirituales y celestiales. (Ef 1:3)

Entre las muchas bendiciones con que Dios nos ha colmado en Cristo está la bendición del matrimonio, un don conferido por el Creador desde la creación del género humano. Su mano ha grabado la vocación al matrimonio en la naturaleza misma del hombre y la mujer (véanse Gn 1:27-28, 2:21-24).

Oh Dios, que unes a la mujer y al varón
y otorgas a esta unión, establecida desde el principio,
la única bendición que no fue abolida ni por la pena del
    pecado original,
ni por el castigo del diluvio.[1]

El pecado original introdujo el mal y el desorden en el mundo. Como consecuencia de la ruptura con Dios, este primer pecado quebró la comunión original entre el hombre y la mujer. No obstante, la bendición original del matrimonio nunca fue revocada.

---

1   *Ritual del matrimonio* (Washington, DC: Conferencia de Obispos Católicos de los Estados Unidos; Chicago, IL: Liturgy Training Publications; Yonkers, NY: Magnificat; Collegeville, MN: Liturgical Press, de próxima aparición), núm. 74. Todos los textos subsiguientes del *Ritual del matrimonio* se refieren a esta edición.

Jesucristo no sólo ha restablecido la bendición original en su plenitud, sino que la ha elevado al hacer del matrimonio entre cristianos bautizados un signo sacramental de su propio amor por la Iglesia, como escuchamos proclamar en la liturgia nupcial:

Señor. . . para revelarnos el designio de tu amor,
quisiste dejarnos en el amor de los esposos
una imagen de la alianza que hiciste con tu pueblo,
a fin de que, completado con el sacramento,
en la unión conyugal de tus fieles,
quedara patente el misterio nupcial de Cristo y de la Iglesia.[2]

Aunque el matrimonio es una bendición especial para los cristianos debido a la gracia de Cristo, es también una bendición y don natural para todos en todo tiempo y cultura. Es una fuente de bendición para la pareja, para sus familias y para la sociedad, e incluye el maravilloso don de co-crear la vida humana. De hecho, como el papa Juan Pablo II nunca se cansó de recordarnos, el futuro de la humanidad depende del matrimonio y la familia.[3] Es precisamente tal convicción lo que nos ha llevado a nosotros, los obispos católicos de Estados Unidos, a escribir esta carta pastoral.

Nos regocija ver que tantas parejas viven fieles a su compromiso conyugal. Les agradecemos por proclamar en su vida diaria la belleza, bondad y verdad del matrimonio. De incontables maneras, tanto ordinarias como heroicas, en los buenos tiempos y en los malos, somos testigos del don y bendición que ellas han recibido de la mano de su Creador. Asimismo, estamos agradecidos por todos los que trabajan con los jóvenes y con las parejas comprometidas para establecer buenos matrimonios, que ayudan a las parejas casadas a crecer en el amor y fortalecer su unión, y que ayudan a las que pasan por crisis a resolver sus problemas y traer sanación a sus vidas.

---

2 *Ritual del matrimonio*, núm. 207.

3 Véase papa Juan Pablo II, *Sobre la misión de la familia cristiana en el mundo actual* (*Familiaris Consortio* [FC]) (1982) (*www.vatican.va/holy_father/john_paul_ii/apost_ exhortations/documents/hf_jp-ii_exh_19811122_familiaris-consortio_sp.html*), núm. 75: "El futuro del mundo y de la Iglesia pasa a través de la familia". Véase también FC, núm. 86.

Al mismo tiempo, nos preocupa el hecho de que demasiadas personas no comprendan lo que significa decir que el matrimonio —como institución natural a la vez que como sacramento cristiano— es una bendición y un don de Dios. Observamos, por ejemplo, que algunas personas estiman el matrimonio como un ideal pero pueden ser renuentes a asumir el compromiso concreto necesario para contraerlo y sostenerlo. Algunos más bien eligen vivir en relaciones de cohabitación que pueden o no llevar al matrimonio, y que pueden ir en detrimento del bienestar de ellos mismos y de los hijos que llegasen.

Además, la incidencia de divorcios sigue siendo elevada. Las sanciones sociales y las barreras legales para que alguien termine con su matrimonio han desaparecido casi por completo, y los efectos negativos del divorcio sobre los hijos, las familias y la comunidad se han hecho más visibles en las últimas décadas.

Nos suscita alarma ver que la responsabilidad de una pareja de servir a la vida estando abierta a los hijos está siendo negada y abandonada con mayor frecuencia en estos tiempos. Las parejas, muy a menudo, reflejan no comprender los propósitos del matrimonio. Se está perdiendo la creencia en el valor de dichos propósitos cuando las parejas abordan fácilmente, como opciones separadas, las decisiones de casarse y de tener hijos. Esto indica una mentalidad en que los hijos no son vistos como parte integral del matrimonio sino como algo opcional. Cuando los hijos son vistos de esta manera, pueden producirse consecuencias perjudiciales no sólo para ellos sino también para el matrimonio mismo.

Observamos hoy una inquietante tendencia a ver el matrimonio como un asunto mayormente privado, un proyecto individualista no relacionado con el bien común sino orientado principalmente a lograr satisfacción personal.

Finalmente, los obispos nos sentimos obligados a manifestarnos contra todo intento de redefinir el matrimonio de modo que no sea ya exclusivamente la unión de un hombre y una mujer como Dios lo estableció y como lo bendijo en el orden natural de la creación.

Las oportunidades y urgencias del momento actual son muchas y variadas. Hace casi treinta años, el papa Juan Pablo II convocó a la Iglesia a afrontar un desafío que se ha vuelto más importante aún hoy en día:

> En un momento histórico en que la familia es objeto de muchas fuerzas que tratan de destruirla o deformarla, la Iglesia, consciente de que el bien de la sociedad y de sí misma está profundamente vinculado al bien de la familia, siente de manera más viva y acuciante su misión de proclamar a todos el designio de Dios sobre el matrimonio y la familia, asegurando su plena vitalidad, así como su promoción humana y cristiana, contribuyendo de este modo a la renovación de la sociedad y del mismo Pueblo de Dios.[4]

La tarea de proclamación a la que se refiere el Santo Padre es una tarea que los obispos ejercemos hoy como maestros y pastores, específicamente en esta carta pastoral. Dirigimos la carta pastoral primero y sobre todo a los fieles católicos de Estados Unidos. Los exhortamos a resistir todos los ataques contra el matrimonio y defender el significado, dignidad y santidad del matrimonio y la familia. Asimismo, en espíritu de testimonio y de servicio, ofrecemos nuestro mensaje a todos los hombres y mujeres con la esperanza de inspirarles a adoptar esta enseñanza.

Buscamos que esta carta pastoral constituya una base teológica y doctrinal. Puede ser un recurso para ayudar y alentar a los que están avanzando hacia el matrimonio, a los que están viajando en la vida de casados, y a los que están acompañando y ayudando a quienes están llamados a la vocación al matrimonio.

Nuestra carta pastoral presenta las creencias y enseñanzas de la Iglesia Católica —impregnadas de la razón humana e iluminadas por la Divina Revelación— que resumen y expresan el plan de Dios para el matrimonio. Este plan divino, como el don del matrimonio mismo, es algo que recibimos, no algo que elaboramos o

---

4   FC, núm. 3.

cambiamos para adaptarlo a nuestros propósitos. Es un cimiento firme, una guía veraz, una luz confiable para el camino.

Pues todos los que buscan encontrar *significado en* su matrimonio lo encontrarán cuando estén abiertos a aceptar el transcendente *significado del* matrimonio de conformidad con el plan de Dios. Sobre esta búsqueda de significado y verdad, el papa Benedicto XVI escribe:

> Todos los hombres perciben el impulso interior de amar de manera auténtica; amor y verdad nunca los abandonan completamente, porque son la vocación que Dios ha puesto en el corazón y en la mente de cada ser humano. Jesucristo purifica y libera de nuestras limitaciones humanas la búsqueda del amor y la verdad, y nos desvela plenamente la iniciativa de amor y el proyecto de vida verdadera que Dios ha preparado para nosotros.[5]

Nuestra carta pastoral es una invitación para descubrir, o tal vez redescubrir, la bendición dada cuando Dios estableció por primera vez el matrimonio como una institución natural, y cuando Cristo lo restableció y lo elevó como un signo sacramental de salvación.

---

5   Papa Benedicto XVI, *La caridad en la verdad* (*Caritas in Veritate*) (Washington, DC: Conferencia de Obispos Católicos de los Estados Unidos [USCCB, por sus siglas en inglés], 2009), núm. 1.

Primera parte:
El matrimonio en el orden de la creación
La institución natural del matrimonio

¿Qué es el matrimonio?

El matrimonio es una alianza para toda la vida de la totalidad de la vida, de fidelidad mutua y exclusiva, establecida por mutuo consentimiento entre un hombre y una mujer, y ordenada hacia el bien de los cónyuges y la procreación de la prole.[6] Como nos recuerda el Concilio Vaticano II, el matrimonio no es una institución puramente humana: "Fundada por el Creador y en posesión de sus propias leyes, la íntima comunidad conyugal de vida y amor se establece sobre la alianza de los cónyuges. . . Pues es el mismo Dios el autor del matrimonio".[7] Además, Dios ha dotado al matrimonio de ciertos atributos esenciales, sin los cuales el matrimonio no puede existir como es la intención divina.

La Iglesia ha enseñado a través de los siglos que el matrimonio es una relación exclusiva entre un hombre y una mujer. Esta unión, una vez válidamente contraída y consumada, da lugar a un

---

6   Véanse *Catecismo de la Iglesia Católica*, segunda edición (CIC) (Washington, DC: Libreria Editrice Vaticana–USCCB, 2001), núm. 1601; *Código de derecho canónico (Codex Iuris Canonici)* (CDC) (*www.vatican.va/archive/cdc/index_sp.htm*), cc. 1055.1, 1056-1057; *Código de Cánones de las Iglesias Orientales (Codex Canonum Ecclesiarum Orientalum)* (CCIO) (*www.vatican.va/holy_father/john_paul_ii/apost_constitutions/documents/hf_jp-ii_apc_19901018_index-codex-can-eccl-orient_lt.html*), c. 776 §§1, 3, y c. 817.

7   Concilio Vaticano II, *Constitución sobre la Iglesia en el mundo actual* (*Gaudium et Spes* [GS]) (*www.vatican.va/archive/hist_councils/ii_vatican_council/documents/vat-ii_const_19651207_gaudium-et-spes_sp.html*), núm. 48.

lazo que no puede ser disuelto por la voluntad de los cónyuges.[8] El matrimonio así creado es un ámbito de intimidad fiel y privilegiada entre los cónyuges que dura hasta la muerte.

Sin embargo, el matrimonio no es simplemente una institución privada. Es el fundamento de la familia, donde los hijos aprenden los valores y virtudes que harán buenos cristianos así como buenos ciudadanos. La importancia del matrimonio para los hijos y para la educación de la siguiente generación pone de relieve la importancia del matrimonio para toda la sociedad.

El amor conyugal, el amor propio del matrimonio, está presente en el compromiso del don completo y total de sí mismos entre marido y mujer. El amor conyugal establece una comunión única de personas a través de la relación de un mutuo darse y recibir entre marido y mujer, una relación por la cual "el hombre abandonará a su padre y a su madre, y se unirá a su mujer y serán los dos una sola cosa [carne]" (Gn 2:24).

El Concilio Vaticano II habla sobre el amor conyugal con palabras de gran belleza:

> El Señor se ha dignado sanar este amor, perfeccionarlo y elevarlo con el don especial de la gracia y la caridad. Un tal amor, asociando a la vez lo humano y lo divino, lleva a los esposos a un don libre y mutuo de sí, comprobado por sentimientos y actos de ternura, e impregna toda su vida; más aún, por su misma generosa actividad crece y se perfecciona.[9]

Como examinará la Segunda Parte de esta carta pastoral, en el amor conyugal se puede vislumbrar cómo Cristo ama a su Iglesia (Ef 5:25).

---

8   CDC, cc. 1056, 1134, 1141; CCIO, cc. 776 §3, 853.
9   GS, núm. 49.

La complementariedad entre varón y mujer es esencial para el matrimonio

*Y creó Dios al hombre a su imagen;
a imagen suya lo creó;
hombre y mujer los creó. (Gn 1:27)*

Las dos historias de la creación del libro del Génesis comunican dos verdades importantes sobre la identidad de hombre y mujer y la relación entre ellos. En el primer relato, Dios crea tanto al varón como a la mujer al mismo tiempo y a la divina imagen. Este acto completa la creación, y Dios lo juzga como "muy bueno" (Gn 1:31). De esta manera, la Sagrada Escritura afirma la igualdad y dignidad fundamental de hombre y mujer como personas creadas a la imagen de Dios.

El segundo relato de la creación enfatiza que ambos sexos son necesarios para el plan de Dios. Habiendo creado a Adán, Dios dice, "No es bueno que el hombre esté solo" (Gn 2:18). Así que Dios crea una ayuda adecuada, que es idónea para él y que se corresponde con él. "Ayuda adecuada" (*ezer*) es una palabra reservada en la Biblia no para inferiores sino muy a menudo para Dios mismo, que es el "ayudador" de Israel. De hecho, después que Dios crea a todos los animales y los lleva para que Adán les ponga nombre, queda claro que ninguno de ellos es el "ser semejante a Adán para ayudarlo" (Gn 2:20).

Entonces Dios pone a Adán a dormir profundamente y, usando una de sus costillas, forma una mujer para él como pareja idónea o ayuda adecuada. Cuando ve a la mujer, Adán exclama con maravillado gozo:

> Esta sí es hueso de mis huesos
>   y carne de mi carne.
> Esta será llamada "mujer" [*ishah*],
>   porque ha sido formada del hombre [*ish*]. (Gn 2:23)

Adán y Eva fueron hechos, literalmente, el uno para el otro. Hombre y mujer han sido hechos para juntarse en la unión del matrimonio. El texto del Génesis prosigue: "Por eso el hombre abandonará a su padre y a su madre, y se unirá a su mujer y serán los dos una sola cosa [carne]" (Gn 2:24).

El matrimonio, esta fusión de esposo y esposa como una sola carne, se basa en el hecho de que el hombre y la mujer son a la vez diferentes e iguales. Son diferentes como varón y mujer, pero son iguales como personas humanas singularmente idóneas para ser pareja o ayuda adecuada entre sí. Sin embargo, la diferencia entre hombre y mujer no puede limitarse a sus cuerpos, como si el cuerpo pudiera separarse del resto de la persona humana. La persona humana es una unión de cuerpo y alma como un solo ser. El hombre y la mujer son dos diferentes maneras de ser una persona humana.

Aunque el hombre y la mujer son diferentes, sus diferencias sirven para relacionarse entre sí. No son diferentes de una manera paralela, como dos líneas que nunca se encuentran. El hombre y la mujer no tienen destinos separados. Están relacionados entre sí precisamente en sus diferencias.

Las diferencias entre el varón y la mujer son complementarias. El varón y la mujer son maneras corporales distintas de ser humanos, de estar abiertos a Dios y entre sí, dos maneras distintas y sin embargo armónicas de responder a la vocación al amor.

Aunque las personas humanas son más que organismos biológicos, las raíces del matrimonio pueden ser vistas en el hecho biológico de que un hombre y una mujer pueden juntarse como varón y mujer en una unión que tiene el potencial para generar otra persona humana. Esta clase de unión cumple con la necesidad de la continuación del género humano. Sin embargo, puesto que los seres humanos existen más que en un nivel biológico, esta unión conlleva otras dimensiones personales y espirituales. El matrimonio no existe solamente para la reproducción de otro miembro de la especie, sino para la creación de una comunión de personas.

Formar una comunión de personas es la vocación de todos. Como enseña el papa Juan Pablo II, todas las personas humanas son creadas a la imagen de Dios, que es una comunión de amor de tres personas, y por ello todos están llamados a vivir en una comunión de amor que se da a sí: "Decir que el hombre ha sido creado a imagen y semejanza de este Dios quiere decir también que el hombre está llamado a existir 'para' los demás, a convertirse en un don".[10]

Sin embargo, el matrimonio es una comunión única de personas. En su íntima unión como varón y mujer, los cónyuges están llamados a existir el uno para el otro. Tal como el Génesis describe a Eva como la que brinda ayuda a Adán, nosotros podemos ver que, en el matrimonio, el marido y la mujer tienen por objeto ayudarse mutuamente a través del don de sí. "En la 'unidad de los dos' el hombre y la mujer son llamados desde su origen no sólo a existir 'uno al lado del otro', o simplemente 'juntos', sino que son llamados también *a existir recíprocamente, 'el uno para el otro'*".[11]

Esta comunión de personas tiene el potencial de generar vida humana y así producir la familia, que es en sí misma otra clase de comunión de personas y que es el origen y fundamento de toda sociedad humana. Es precisamente la diferencia entre el hombre y la mujer lo que hace posible esta comunión única de personas, la alianza única de vida y amor que es el matrimonio. Un hombre y una mujer unidos en el matrimonio como esposo y esposa sirven como símbolo tanto de vida como de amor de una manera que no puede lograr ninguna otra relación de personas humanas.

Los dos fines o propósitos del matrimonio

El matrimonio tiene dos fines o propósitos fundamentales hacia los cuales se orienta, o sea, el bien de los cónyuges así como la procreación de hijos. Por consiguiente, la Iglesia enseña que el matrimonio es tanto unitivo como procreador, y que no se pueden separar ambas cosas.

---

10 Papa Juan Pablo II, *Sobre la dignidad y la vocación de la mujer* (Mulieris Dignitatem [MD]) (1988) (*www.vatican.va/holy_father/john_paul_ii/apost_letters/documents/hf_jp-ii_apl_15081988_mulieris-dignitatem_sp.html*), núm. 7.

11 MD, núm. 7.

Unitivo

La teología del cuerpo del papa Juan Pablo II considera que el cuerpo humano tiene un significado esponsal. Esto quiere decir que el cuerpo humano por su misma naturaleza significa que los humanos estamos dirigidos a relacionarnos, que hemos de buscar la unión con otros. Pues es sólo al relacionarnos que logramos una verdadera plenitud como comunión de personas. Antes que Eva fuera creada, Adán estaba solo. Su gozo al percibir a Eva indicó que con Eva logró la "unidad original" que la naturaleza humana busca. Dios hizo claramente a los seres humanos para amar y ser amados, para vivir en relaciones en que el acto de darse a sí y recibir al otro se vuelve completo.

En este contexto, la palabra "original" significa no sólo que estas experiencias se remontan al alba de la historia humana sino que, lo más importante, son clave para comprender nuestras experiencias humanas más básicas. La experiencia de Adán y Eva habla poderosamente de nuestra búsqueda no sólo para comprendernos a nosotros mismos sino también para amar y ser amados, para vivir una relación de amor con una persona del sexo opuesto.

Dios estableció el matrimonio a fin de que hombre y mujer pudieran participar en su amor y así darse desinteresadamente el uno al otro en amor. Un hombre y una mujer que por su acto de consentimiento no son ya dos sino una sola carne (véase Mt 19:6ss.) se brindan ayuda mutua y se sirven el uno al otro mediante una unión íntima de sus personas y de sus acciones.[12]

"Mi amado es para mí y yo para mi amado" (Ct 2:16; véase Ct 6:3). Con toda la dignidad y simplicidad de la poesía, la Novia en el Cantar de los Cantares canta sobre el significado unitivo del amor matrimonial. "Me has robado el corazón, hermana y novia mía. . . ¡Qué hermosos son tus amores!" (Ct 4:9-10, NBJ). Así responde el Novio del Cantar, abrumado con la maravilla del amor conyugal que le extiende la Novia.[13] Éste es el amor que es tan fuerte como la muerte (véase Ct 8:6b).

---

12 Véase GS, núm. 48.

13 Véase papa Juan Pablo II, Audiencia General, 30 de mayo de 1984.

Con igual belleza, Tobías ora con su esposa, Sara, en su noche de bodas, sobrecogido ante la misericordia del Dios de sus padres, esto es, el Dios de la alianza, al juntarlos en una unión de verdadero amor conyugal:

> Bendito seas, Dios de nuestros padres
> y bendito sea tu nombre por los siglos de los siglos.
> Que te bendigan los cielos y todas tus creaturas por los siglos
> de los siglos.
> Tú creaste a Adán y le diste a Eva
> como ayuda y apoyo,
> y de ambos procede todo el género humano.
> Tú dijiste: "No es bueno que el hombre esté solo.
> Voy a hacer a alguien como él, para que lo ayude".
> Ahora, Señor, si yo tomo por esposa a esta hermana mía,
> no es por satisfacer mis pasiones,
> sino por un fin honesto.
> Compadécete, Señor, de ella y de mí,
> y haz que los dos juntos vivamos felices hasta la vejez.
> (Tb 8:5-7)

El amor que es tan fuerte como la muerte es el amor que ora y alaba, asumido en el amor divino.[14]

Procreador

Es la naturaleza del amor desbordarse, ser vivificante. Por lo tanto, no es ninguna sorpresa que el matrimonio esté ordenado no sólo a crecer en el amor sino a transmitir la vida: "Por su índole natural, la institución del matrimonio y el amor conyugal están ordenados por sí mismos a la procreación y a la educación de la prole, con las que se ciñen como con su corona propia".[15]

El amor conyugal mismo está ordenado a la procreación de los hijos, pues, después de todo, el primer mandamiento dado a

---

14   Véase GS, núm. 48: "El genuino amor conyugal es asumido en el amor divino".
15   GS, núm. 48; véase CIC, núm. 1652.

Adán y Eva es "sean fecundos y multiplíquense" (Gn 1:28). La oración de Tobías, incluso cuando pide una unión feliz y para toda la vida, recuerda que el género humano desciende de Adán y Eva. Su oración por la felicidad incluye ciertamente, si bien de modo implícito, una oración por la prole. De hecho, Dios envía a la pareja siete hijos (Tb 14:3) y les da larga vida (Tb 14:14). Una vez más, en palabras del Concilio Vaticano II:

> Los hijos son el don más excelente del matrimonio. . . El cultivo auténtico del amor conyugal y toda la estructura de la vida familiar que de él deriva, sin dejar de lado los demás fines del matrimonio, tienden a capacitar a los esposos para cooperar con fortaleza de espíritu con el amor del Creador y del Salvador, quien por medio de ellos aumenta y enriquece diariamente a su propia familia.[16]

Los hijos son un don en un sinnúmero de maneras. Traen alegría incluso en medio de las penas; dan mayor dirección a la vida de sus padres. Los hijos, que son el fruto del amor y de un compromiso significativo, son una causa de amor y significado.

Es verdad que algunos matrimonios no terminarán en la procreación debido a infertilidad, aunque la pareja sea capaz de realizar el acto natural por el cual se produce la procreación. De hecho, esta situación suele llegar como una sorpresa y puede ser fuente de profunda desilusión, ansiedad e incluso gran sufrimiento para los esposos. Cuando tal tragedia afecta un matrimonio, una pareja puede verse tentada a pensar que su unión no está completa o verdaderamente bendecida. Esto no es cierto. La unión matrimonial de un hombre y una mujer es una comunión de personas única. Una pareja infértil sigue manifestando este atributo.

Aunque sus años fértiles hayan pasado, una pareja debe continuar afirmando la vida. Pueden hacer eso participando en la vida de los jóvenes, y especialmente sus nietos, como mentores espirituales, maestros y figuras de sabiduría. Pueden también seguir brindando sus cuidados mediante el ejercicio de la aten-

---

16   GS, núm. 50; véase CIC, núm. 1652.

ción a los necesitados, discapacitados o empujados a los márgenes de la sociedad, y con su apoyo o participación en obras de caridad y justicia.

¿Cómo se relacionan los dos fines del matrimonio?

La Iglesia habla de una conexión inseparable entre los dos fines del matrimonio: el bien de los cónyuges mismos así como la procreación de los hijos. El *Catecismo de la Iglesia Católica* enseña que "no se pueden separar estas dos significaciones o valores del matrimonio sin alterar la vida espiritual de los cónyuges ni comprometer los bienes del matrimonio y el porvenir de la familia".[17] Esta inseparabilidad surge de la naturaleza misma del amor conyugal, un amor que "queda situado bajo la doble exigencia de la fidelidad y la fecundidad".[18]

El amor conyugal expresa el significado unitivo del matrimonio de manera tal de mostrar cómo este significado está ordenado hacia el significado procreador igualmente obvio. El significado unitivo queda distorsionado si el significado procreador es deliberadamente rechazado. Entonces el amor conyugal queda disminuido. Este amor es, por su naturaleza, fiel, exclusivo y destinado a ser fecundo. Como dice el papa Pablo VI, "no se agota en la comunión entre los esposos sino que está destinado a prolongarse suscitando nuevas vidas".[19] Sin su ordenación hacia lo procreador, el significado unitivo del matrimonio queda socavado.

Igualmente, el significado procreador del matrimonio queda degradado sin lo unitivo. Si alguien viera a su cónyuge simplemente como un medio de producir vástagos, sin atención amorosa al propio bien o realización del cónyuge, esto ofendería el valor humano del significado procreador.

---

17 CIC, núm. 2363.

18 CIC, núm. 2363.

19 Papa Pablo VI, *Sobre la regulación de la fecundidad* (*Humanae Vitae* [HV]) (1968) (*www.vatican.va/holy_father/paul_vi/encyclicals/documents/hf_p-vi_enc_25071968_humanae-vitae_sp.html*), núm. 9.

El significado procreador del matrimonio implica no sólo la concepción de los hijos, sino también su crianza y educación, incluyendo la formación espiritual en una vida de amor. Esta formación puede llevarse a cabo sólo dentro de una comunidad humana formada en el amor. La amorosa comunión de los cónyuges es el contexto primordial en que los hijos son concebidos y también criados en amor.

Los propósitos unitivo y procreador están destinados a ser inseparables. De esta manera, lo procreador requiere lo unitivo, tal como lo unitivo está ordenado hacia lo procreador. Son dos significados vinculados de la misma realidad.

Podemos comprender mejor esta conexión intrínseca si consideramos el hecho de que la procreación es una participación en la actividad creadora continua de Dios. El *Catecismo de la Iglesia Católica* afirma que el poder creador de Dios no es un poder de fuerza o manipulación, sino un poder de amor.[20] Es un poder que se da a sí mismo. Dios es eternamente feliz en él mismo porque es una comunión amorosa de tres personas. Es autosuficiente y no necesita nada más para ser feliz. Y sin embargo, desea compartir su vida y su felicidad con creaturas que no tendrían existencia de no ser por este don de sí creador. Participar en el trabajo creador de Dios significa participar en el amor de Dios que se despoja de sí o se da a sí, la entrega completa de uno como don. Si la procreación es una verdadera participación en la actividad creadora de Dios, es un trabajo que es inseparable del don de sí.

En el caso del matrimonio, el principal y original don de sí es el don de sí unitivo y mutuo de los cónyuges el uno al otro. En sus votos matrimoniales, los cónyuges se prometen amor y fidelidad mientras vivan. La transmisión de vida es una realización sublime y concreta de este radical don de sí entre un hombre y una mujer. El amor conyugal mutuo de hombre y mujer "se convierte en imagen del amor absoluto e indefectible con que Dios ama [a la humanidad]",[21] porque como mutuo don de sí, es al mismo tiempo

---

20 CIC, núm. 2363.
21 CIC, núm. 1604.

un don de sí creador. Los significados unitivo y procreador del matrimonio están vinculados porque son dos aspectos del mismo don de sí.

Desafíos fundamentales a la naturaleza y propósitos del matrimonio

Reconocemos que las parejas enfrentan muchos desafíos para construir y mantener un matrimonio sólido. En la sociedad contemporánea las condiciones no siempre apoyan el matrimonio. Por ejemplo, muchas parejas se debaten por equilibrar las responsabilidades del hogar y del trabajo; otras soportan serias cargas económicas y sociales.

Sin embargo, algunos desafíos son fundamentales en el sentido de que van dirigidos al significado y a los propósitos mismos del matrimonio. Aquí queremos discutir cuatro de tales desafíos: los anticonceptivos, las uniones del mismo sexo, el divorcio y la cohabitación.

1. Los anticonceptivos

Tal como el matrimonio en su conjunto tiene dos propósitos inseparables, lo mismo es cierto del acto más simbólico y expresivo del matrimonio en su conjunto, a saber, el acto sexual. La enseñanza de la Iglesia habla de una "inseparable conexión que Dios ha querido y que el hombre no puede romper por propia iniciativa, entre los dos significados del acto conyugal: el significado unitivo y el significado procreador".[22]

A veces uno escucha decir que mientras el matrimonio en su conjunto esté abierto a tener hijos, cada acto sexual individual no tiene que serlo. De hecho, sin embargo, un matrimonio sólo está abierto a la procreación en la medida en que cada acto sexual lo está, porque todo el significado del matrimonio está presente y está expresado en cada acto conyugal. Cada acto conyugal significa, encarna y renueva la alianza conyugal original y

---
22   HV, núm. 12; CIC, núm. 2366.

permanente entre marido y mujer. Esto es lo que hace que el acto sexual sea exclusivamente un acto *matrimonial*. Realizar el acto matrimonial es hablar el "lenguaje del cuerpo", como lo llama el papa Juan Pablo II, un lenguaje de comunión personal en completa y mutua autodonación.[23]

La mutua promesa de los cónyuges de amor y fidelidad para toda la vida dota a este acto de la claridad de una intención explícitamente declarada que posibilita que se hable el lenguaje del cuerpo. Es intención de ambos cónyuges fundirse de por vida como "una sola carne", en un don de sí completamente mutuo que da su voz al lenguaje del cuerpo. En cada acto matrimonial, esta intención está significada, o "hablada". Cada acto matrimonial significa la agradecida apertura a todos los dones de Dios. Cuando el acto significa esta agradecida apertura, uno se da a sí mismo completamente, sin vergüenza alguna (véase Gn 2:25).

Intervenir deliberadamente, mediante el uso de prácticas anticonceptivas, para cerrar al acto sexual la posibilidad de la procreación es una manera de separar el significado unitivo del matrimonio del significado procreador. Esto está objetivamente mal en y de sí mismo, y es esencialmente opuesto al plan de Dios para el matrimonio y el desarrollo humano verdadero. Hace que el acto sexual signifique, o hable, algo menos que el don sin reservas de uno mismo conllevado en los votos matrimoniales. El lenguaje del cuerpo que busca expresar el don de sí mismo se mezcla con otro mensaje, un mensaje contrario, a saber, la negativa a darse uno mismo enteramente. De este modo se falsifica el significado unitivo de ese lenguaje.[24]

"Al usar anticonceptivos", las parejas casadas "pueden pensar que están evitando problemas o calmando tensiones, que están ejerciendo control sobre sus vidas".[25] Al mismo tiempo, pueden pensar que no están haciendo ningún daño a sus matrimonios. En

---

23 Véase, por ejemplo, papa Juan Pablo II, Audiencias Generales, 5 y 26 de enero de 1983.

24 Véase FC, núm. 32; véase también CIC, núm. 2370.

25 USCCB, *El amor matrimonial y el don de la vida* (Washington, DC: USCCB, 2006), 17.

realidad, la separación deliberada de los significados procreador y unitivo del matrimonio tiene el potencial de dañar o destruir el matrimonio. Además, produce muchas otras consecuencias negativas, tanto personales como sociales.

El amor conyugal se ve disminuido cuando la unión de marido y mujer se reduce a un medio de autogratificación. La capacidad procreadora de varón y mujer se deshumaniza, se reduce a una especie de tecnología biológica interna que uno domina y controla tal como cualquier otra tecnología. El papa Pablo VI advierte contra el hecho de tratar las facultades sexuales como simplemente una tecnología más que controlar:

> Usufructuar el don del amor conyugal respetando las leyes del proceso generador significa reconocerse no árbitros de las fuentes de la vida humana, sino más bien administradores del plan establecido por el Creador. En efecto, al igual que el hombre no tiene un dominio ilimitado sobre su cuerpo en general, del mismo modo tampoco lo tiene, con más razón, sobre las facultades generadoras en cuanto tales, en virtud de su ordenación intrínseca a originar la vida, de la que Dios es principio".[26]

La capacidad procreadora de hombre y mujer no debe ser tratada como sólo otro medio tecnológico, como sucede también con la fertilización *in vitro* (FIV) o la clonación. Cuando eso sucede, la vida humana misma se degrada porque se convierte, cada vez más, en algo producido o fabricado de diversas maneras, maneras que sólo se multiplicarán a medida que la ciencia avance. Los hijos empiezan a ser vistos menos como dones recibidos en una comunión personal de darse mutuamente, y cada vez más como una elección de estilo de vida, una mercancía a los que todos los consumidores tienen derecho. Lo que está en juego aquí es en verdad la cuestión de la dignidad de la vida humana. En este contexto, la advertencia del papa Pablo VI parece profética en retrospectiva:

---

26 HV, núm. 13.

Al defender la moral conyugal en su integridad, la Iglesia sabe que contribuye a la instauración de una civilización verdaderamente humana; ella compromete al hombre a no abdicar la propia responsabilidad para someterse a los medios técnicos; defiende con esto mismo la dignidad de los cónyuges... [y con ello] los verdaderos valores humanos.[27]

Finalmente, vivir conforme a los designios de Dios para el amor y la vida no significa que las parejas casadas no puedan planificar sus familias. El principio de paternidad responsable describe la forma en que los cónyuges pueden trabajar con el don de la fertilidad dado por Dios. Con base en "el orden moral objetivo, establecido por Dios", los cónyuges pueden reconocer "plenamente sus propios deberes para con Dios, para consigo mismo, para con la familia y la sociedad" al decidir cuándo tratar de lograr un embarazo o concluir que hay razones suficientemente serias para justificar posponerlo.[28] Hoy en día, la Iglesia está particularmente bendecida con el hecho de que ya existan métodos científicos viables de planificación familiar natural en apoyo de una paternidad responsable.

Los métodos de planificación familiar natural (PFN) representan una planificación familiar auténtica. Pueden usarse tanto para lograr como para posponer un embarazo. La PFN hace uso de la abstinencia periódica de las relaciones sexuales con base en la observación de las señales naturales de fertilidad de la mujer, a fin de espaciar los partos o limitar el número de hijos cuando hay una razón seria para hacerlo. Los métodos de PFN requieren que las parejas aprendan, acepten y vivan con las maravillas de cómo Dios las hizo. Esto es esencialmente diferente de los anticonceptivos.

La apertura a la procreación en el acto conyugal implica "reconocerse no árbitros de las fuentes de la vida humana".[29] Usar la tecnología de los anticonceptivos es un intento de ser tales

---

27 HV, núms. 18 y 23, citando al papa Juan XXIII, *Sobre el reciente desarrollo de la cuestión social a la luz de la doctrina cristiana* (Mater et Magistra), 1961.

28 HV, núm. 10.

29 HV, núm. 13.

árbitros. Por el contrario, las parejas que usan métodos de PFN no hacen nada por alterar el acto conyugal. En vez de ello, se abstienen de las relaciones conyugales durante la parte del ciclo menstrual de la mujer en que es más probable la concepción. Esta práctica fomenta en las parejas una actitud de respeto y maravilla ante la vida humana, que es sagrada. Fomenta también un profundo respeto por el otro cónyuge, lo cual es necesario para el mutuo disfrute de una auténtica intimidad.

Como observa el papa Juan Pablo II, toda pareja que trate de vivir esta apertura a la procreación encontrará que requiere un amor sacrificial.[30] En ciertos momentos difíciles de la vida, el significado procreador del matrimonio parece estar reñido con el significado unitivo. Aunque en verdad nunca puede ser así, preservar la unidad puede en algunos casos requerir un considerable sacrificio de parte de las parejas. Éstas deben cobrar ánimo con las palabras animadoras de san Pablo de que Dios no nos probará más allá de lo que podamos soportar: "Fiel es Dios, que no permitirá que seáis tentados por encima de vuestras fuerzas. Antes bien, junto con la tentación os proporcionará el modo de poderla resistir con éxito" (1 Co 10:13, NBJ).

2. Las uniones del mismo sexo

Uno de los hechos más preocupantes suscitados por la cultura contemporánea es la proposición de que personas del mismo sexo pueden "casarse". Esta propuesta intenta redefinir la naturaleza del matrimonio y de la familia y, como resultado, daña tanto la dignidad intrínseca de cada persona humana como el bien común de la sociedad.

El matrimonio es una unión única, una relación diferente de todas las demás. Es el lazo permanente entre un hombre y una mujer cuya comunión de personas en que dos se hacen una sola carne es un bien indispensable en el corazón de cada familia y de cada sociedad. Las uniones del mismo sexo son incapaces de hacer realidad esta comunión específica de personas. Por consiguiente,

---

30   Véase FC, núm. 3.

intentar redefinir el matrimonio para que incluya tales relaciones vacía el término de su significado, pues excluye la complementariedad esencial entre hombre y mujer, tratando la diferencia sexual como si fuera irrelevante para lo que es el matrimonio.

La complementariedad entre varón y mujer es intrínseca al matrimonio. Está ordenada naturalmente hacia la unión auténtica y la generación de nueva vida. Los hijos están destinados a ser el don de la unión permanente y exclusiva de marido y mujer. Un hijo debe tener una madre y un padre. La verdadera naturaleza del matrimonio, vivido en apertura a la vida, es testimonio del precioso don que constituye un hijo o una hija y de los roles únicos de la madre y del padre. Las uniones del mismo sexo son incapaces de tal testimonio. En consecuencia, hacerlas equivalentes al matrimonio hace caso omiso de la naturaleza misma del matrimonio.[31]

Jesús enseña que el matrimonio es entre un hombre y una mujer. "¿No han leído que el Creador, desde un principio *los hizo hombre y mujer. . . 'Por eso el hombre dejará a su padre y a su madre, para unirse a su mujer, y serán los dos una sola cosa'?*" (Mt 19:4-6).

Al intentar redefinir el matrimonio para que incluya o se le haga análogo con las alianzas homosexuales, la sociedad está afirmando que la unión permanente de marido y mujer, el patrón único del amor esponsal y familiar, y la generación de nueva vida son ahora sólo de relativa importancia en vez de ser fundamentales para la existencia y bienestar de la sociedad en su conjunto.

Hoy en día, el abogar por el reconocimiento legal de diversas relaciones del mismo sexo suele ser igualado con la no discriminación, justicia, equidad y los derechos civiles. Sin embargo, no es injusto oponerse al reconocimiento legal de las uniones del mismo sexo, porque el matrimonio y las uniones del mismo sexo son realidades esencialmente diferentes. "No atribuir el estatus social y jurídico de matrimonio a formas de vida que no son ni pueden ser matrimoniales no se opone a la justicia, sino que, por

---

31 Véase USCCB, *Entre hombre y mujer: Preguntas y respuestas sobre el matrimonio y las uniones del mismo sexo* (Washington, DC: USCCB, 2003).

el contrario, es requerido por ésta".[32] Promover y proteger el matrimonio como la unión de un hombre y una mujer es en sí mismo una cuestión de justicia. De hecho, sería una grave injusticia que el Estado ignorase el lugar único y apropiado de esposos y esposas, el lugar de madres y padres, y especialmente los derechos de los hijos, que merecen de la sociedad orientación clara a medida que llegan a la madurez sexual. En verdad, sin esta protección el Estado, de hecho, privaría *intencionalmente* a los hijos del derecho a una madre y un padre.

La Iglesia defiende la dignidad humana de las personas homosexuales, que han de "ser [acogidas] con respeto, compasión y delicadeza".[33] Asimismo, alienta a todas las personas a tener relaciones castas. "La castidad se expresa especialmente en la *amistad con el prójimo*. Desarrollada entre personas del mismo sexo o de sexos distintos, la amistad representa un gran bien para todos".[34]

Al mismo tiempo, la Iglesia enseña que los actos homosexuales "son contrarios a la ley natural. Cierran el acto sexual al don de la vida. No proceden de una verdadera complementariedad afectiva y sexual. No pueden recibir aprobación en ningún caso".[35]

Todas las personas deben disfrutar de derechos humanos básicos. Esto puede y debe hacerse sin sacrificar el cimiento de la sociedad que es el matrimonio y la familia, y sin violar la libertad religiosa de personas e instituciones.

El reconocimiento legal de las uniones del mismo sexo plantea una amenaza multifacética a la estructura misma de la sociedad, atacando la fuente de la que provienen la sociedad y la cultura y a la que éstas deben servir. Tal reconocimiento afecta a todas las personas, casadas y no casadas: no sólo en los planos fundamentales del bien de los cónyuges, el bien de los hijos, la dignidad intrínseca de cada persona humana y el bien común, sino

---

32   Congregación para la Doctrina de la Fe, *Consideraciones acerca de los proyectos de reconocimiento legal de las uniones entre personas homosexuales* (2003) (*www.vatican.va/roman_curia/congregations/cfaith/documents/rc_con_cfaith_doc_20030731_homosexual-unions_sp.html*), núm. 8.

33   CIC, núm. 2358.

34   CIC, núm. 2347.

35   CIC, núm. 2357.

también en los planos de la educación, la imaginación e influencia cultural, y la libertad religiosa.

3. El divorcio

Por su misma naturaleza, el matrimonio está destinado a ser una unión y alianza para toda la vida. La fidelidad hasta la muerte es aquello a lo que aspiran las parejas y lo que se prometen mutuamente. Por tanto, el divorcio "pretende romper el contrato, aceptado libremente por los esposos, de vivir juntos hasta la muerte".[36] Además, Jesús mismo enseña que el divorcio no concuerda con la naturaleza vinculante del matrimonio como es la intención del Creador (véase Mt 19:3-9).

El conflicto, las disputas y los malentendidos pueden encontrarse en todos los matrimonios. Ellos reflejan el impacto del Pecado Original, que "trastornó la comunión original entre hombre y mujer".[37] Reflejan también las tensiones modernas sobre el matrimonio: el conflicto entre el trabajo y el hogar, las penurias económicas y las expectativas sociales.

No obstante, el plan de Dios para el matrimonio persiste, y él sigue ofreciendo misericordia y gracia curativa. Los obispos exhortamos a las parejas en crisis a acudir al Señor en busca de ayuda. Las animamos también a hacer uso de los muchos recursos, incluyendo programas y ministerios ofrecidos por la Iglesia, que pueden ayudar a salvar matrimonios, incluso los que atraviesan serias dificultades.

En algunos casos, el divorcio puede ser la única solución a una situación moralmente inaceptable. Un ejemplo específico es un hogar en que la seguridad de uno de los cónyuges y de los hijos está en riesgo. Como obispos católicos de Estados Unidos, reiteramos lo que dijimos en nuestro mensaje pastoral sobre violencia doméstica, *Cuando pido ayuda*, a saber, que nadie está obligado en un matrimonio a mantener vida en común con un cónyuge

---

36 CIC, núm. 2384.

37 USCCB, *Catecismo católico de los Estados Unidos para los adultos* (Washington, DC: USCCB, 2007), 303.

abusivo.[38] Queremos asegurar a las personas que están atrapadas en la tragedia de un matrimonio abusivo que la Iglesia está comprometida a ofrecerles apoyo y asistencia.

Comprendemos el dolor de aquéllos para quienes el divorcio pareció ser el único recurso. Los exhortamos a hacer uso frecuente de los sacramentos, especialmente los sacramentos de la sagrada Eucaristía y la reconciliación. Ofrecemos también nuestro aliento a aquéllos que se han divorciado y han vuelto a casarse por lo civil. Aunque la Iglesia no puede reconocer estas uniones ulteriores como matrimonios válidos, espera que las personas en esta situación participen en la vida parroquial y asistan a la Eucaristía dominical, incluso sin recibir el sacramento.

Animamos a las personas divorciadas que desean casarse en la Iglesia Católica a buscar consejo sobre las opciones que existen para remediar su situación, incluyendo la conveniencia de una declaración de nulidad cuando ya no haya ninguna esperanza de reconciliación de los cónyuges. Tal declaración es una constatación por parte de un tribunal, o corte, eclesiástico, de que no se formó ningún lazo matrimonial válido porque los requisitos para el consentimiento válido no se cumplieron en el momento de la boda. Si se otorga una declaración de nulidad, y no hay otras restricciones, ambos están libres de casarse en la Iglesia Católica. Aunque el propósito de este proceso canónico es determinar si verdaderamente existió o no un lazo matrimonial, el proceso no obstante puede muchas veces llevar a la curación y cierre de una parte dolorosa del pasado de una persona.

4. La cohabitación sin matrimonio

Hoy muchas parejas viven juntas en una relación sexual sin el beneficio del matrimonio. Muchas parejas convivientes creen que su deseo recíproco justifica la relación sexual. Esta creencia refleja una comprensión errónea del propósito natural del acto sexual humano, que sólo puede realizarse en el compromiso permanente

---

38   Véase USCCB, *Cuando pido ayuda: Una respuesta pastoral a la violencia doméstica contra la mujer* (Washington, DC: USCCB, 2002), 11.

del matrimonio. El acto sexual tiene por objeto expresar el total e irrestricto don de uno mismo que tiene lugar en el amor conyugal. Tener relaciones sexuales fuera de la alianza matrimonial es gravemente inmoral porque comunica físicamente el don de uno mismo a otro cuando, al mismo tiempo, uno no está dispuesto o no puede asumir un compromiso total y permanente.

Las parejas ofrecen diversas razones para cohabitar, que van desde la economía hasta la conveniencia. Con frecuencia han aceptado la difundida creencia de la sociedad de que la cohabitación premarital es una prudente manera de determinar si son verdaderamente compatibles. Creen que necesitan un período de prueba antes de proceder al compromiso del matrimonio, que es para toda la vida.

Sin embargo, la investigación de las ciencias sociales encuentra que la cohabitación no tiene efectos positivos sobre un matrimonio.[39] En algunos casos, la cohabitación puede en verdad dañar las oportunidades de una pareja de tener un matrimonio estable. Lo más importante, no obstante, es que la cohabitación "implica el pecado serio de la fornicación. No se conforma al designio de Dios para el matrimonio y es siempre mala y objetivamente pecaminosa".[40]

Es claro que no hay sustituto para el compromiso del matrimonio, vinculante y para toda la vida, y, por definición, no hay ciertamente ninguna manera de "probar". Sólo el compromiso público y legal del matrimonio expresa el completo don de uno mismo que es la base del matrimonio.[41] Negarse al compromiso pleno del matrimonio expresa algo distintivamente menos que la confianza incondicional requerida para darse completamente a sí.[42] En la esencia de la cohabitación está la renuencia o rechazo a

---

[39] Véase David Popenoe y Barbara Dafoe Whitehead, "Should we live together?" [¿Debemos vivir juntos?] (2002) (*marriage.rutgers.edu/publicat.htm*). Sólo en inglés.

[40] *Catecismo católico de los Estados Unidos para los adultos*, 435.

[41] Véase Pontificio Consejo para la Familia, *Familia, matrimonio y "uniones de hecho"* (2001) (*www.vatican.va/roman_curia/pontifical_councils/family/documents/rc_pc_family_doc_20001109_de-facto-unions_sp.html*), núm. 25.

[42] Véase *Familia, matrimonio y "uniones de hecho"*, núm. 25.

asumir un compromiso público y permanente. Los jóvenes deben desarrollar la virtud requerida para mantener un compromiso tan elevado.

La cohabitación puede también tener impactos negativos sobre los hijos. Muchas parejas convivientes traen hijos a la relación, o nacen hijos de la relación. La naturaleza inestable de la cohabitación pone a estos hijos en riesgo. Con respecto al bien de los hijos, un matrimonio estable entre los padres es "el ámbito de por sí más humano y humanizador para la acogida de los hijos: aquél que más fácilmente presta una seguridad afectiva, aquél que garantiza mayor unidad y continuidad en el proceso de integración social y de educación".[43] Las constataciones de las ciencias sociales confirman que el mejor entorno para criar hijos es un hogar estable constituido por el matrimonio de sus padres.[44]

Tal como las familias prestan un servicio invalorable a la sociedad, la sociedad tiene la obligación recíproca de proteger y apoyar a las familias. El Concilio Vaticano II afirma que el bienestar de la sociedad está ligado estrechamente a matrimonios y familias saludables.[45] El *Catecismo de la Iglesia Católica* explica:

> La familia es la "célula original de la vida social". Es la sociedad natural en que el hombre y la mujer son llamados al don de sí en el amor y en el don de la vida. La autoridad, la estabilidad y la vida de relación en el seno de la familia constituyen los fundamentos de la libertad, de la seguridad, de la fraternidad en el seno de la sociedad.[46]

---

43 *Familia, matrimonio y "uniones de hecho"*, núm. 26.

44 Véase Institute for American Values, "Why Marriage Matters: Twenty-Six Conclusions from the Social Sciences" ["Por qué el matrimonio es importante: 26 conclusiones de las ciencias sociales"] (*www.americanvalues.org/html/r-wmm.html*). Sólo en inglés.

45 Véase GS, núm. 47.

46 CIC, núm. 2207.

Segunda parte: El matrimonio en el orden de la nueva creación
El sacramento del matrimonio

───────── ⚭ ─────────

En la Primera Parte discutimos por qué y cómo la institución natural del matrimonio es un don y una bendición. Ahora, en la Segunda Parte, consideraremos qué significa decir que esta institución natural ha sido elevada por Cristo a la dignidad de un sacramento para los cristianos. Si el matrimonio es decisivo para la sociedad en un plano natural, también es decisivo para la Iglesia en un plano sobrenatural.

La vida matrimonial afectada por el pecado original

Aunque el matrimonio ha seguido siendo el buen don que Dios quiso que fuera al crearlo, y así no ha sido una bendición perdida a causa de la Caída, el pecado original ha tenido graves consecuencias para la vida matrimonial. Ya que los hombres y las mujeres quedaron heridos por el pecado, el matrimonio se ha distorsionado. En palabras del *Catecismo de la Iglesia Católica*,

> El primer pecado, ruptura con Dios, tiene como consecuencia primera la ruptura de la comunión original entre el hombre y la mujer. Sus relaciones quedan distorsionadas por agravios

recíprocos; su atractivo mutuo, don propio del creador, se cambia en relaciones de dominio y de concupiscencia; la hermosa vocación del hombre y de la mujer de ser fecundos, de multiplicarse y someter la tierra queda sometida a los dolores del parto y los esfuerzos de ganar el pan.[47]

El matrimonio restaurado en Cristo

A través del bautismo, los hombres y las mujeres son transformados, por el poder del Espíritu Santo, en una nueva creación en Cristo.[48] Esta nueva vida en el Espíritu Santo los cura a los hombres y las mujeres del pecado y los eleva a compartir la propia vida divina de Dios. Es dentro de este nuevo contexto cristiano que Jesús ha elevado el matrimonio entre los bautizados a la dignidad de un sacramento.[49] Jesús cura el matrimonio y lo restaura a su pureza original de don permanente de sí en una sola carne (véase Mt 19:6).

Al restituir al matrimonio su significado y belleza original, Jesús proclama lo que el Creador quiso que fuera el matrimonio "en el principio". Lo hace porque el matrimonio se convertirá en la encarnación visible de su amor por la Iglesia. Al tomar a la Iglesia como su Esposa, Jesús realiza y eleva el matrimonio. Revela su propio amor "hasta el extremo" (Jn 13:1) como el más puro y profundo amor, la perfección de todo amor. Al hacer esto, revela el significado más profundo de todo amor conyugal: el amor que da de sí modelado sobre la vida y amor interior de Dios.

En el matrimonio, un hombre y una mujer están unidos entre sí, y los dos se vuelven una sola carne, de modo que cada uno ama

---

47   CIC, núm. 1607, aludiendo a Gn 1:28, 2:22, 3:12 y 3:16-19.
48   Véanse CDC, c. 849; CCIO, c. 675 §1.
49   Véanse CDC, c. 1055 §1; CCIO, c. 776 §2. Un matrimonio válido entre dos cristianos válidamente bautizados, sean católicos o no, es un sacramento. Esto incluye matrimonios entre un católico y un cristiano no católico, sea ortodoxo o protestante, aunque deben llenarse ciertos requisitos canónicos para que estos matrimonios sean válidos. Un matrimonio entre un cristiano y una persona no bautizada sigue siendo válido como matrimonio natural, pero no es un sacramento. También aquí deben llenarse ciertos requisitos canónicos para que un católico contraiga tal matrimonio válidamente.

al otro como se ama a sí mismo y acaricia el cuerpo del otro como si fuera el suyo. Esta unión es una imagen de la relación entre Cristo y su Iglesia:

> El que ama a su esposa se ama a sí mismo, pues nadie jamás ha odiado a su propio cuerpo, sino que le da alimento y calor, como Cristo hace con la Iglesia, porque somos miembros de su cuerpo.
>
> *Por eso abandonará el hombre a su padre y a su madre,*
> *se unirá a su mujer*
> *y serán los dos una sola cosa.*
>
> Este es un gran misterio, y yo lo refiero a Cristo y a la Iglesia. (Ef 5:28-32)

Los Padres de la Iglesia expresaron esta verdad cuando describieron la relación entre Adán y Eva como un "tipo", o presagio misterioso, de la relación entre Cristo y la Iglesia. La clase de relación de amor que está presagiada en la relación entre Adán y Eva se hace realidad en la relación entre Cristo y su Iglesia.

El sacramento del matrimonio renueva la institución natural del matrimonio y lo eleva de modo que comparta un amor más grande que sí mismo. El matrimonio, entonces, es nada menos que una participación en la alianza entre Cristo y la Iglesia. En palabras del Concilio Vaticano II,

> Por ello los esposos cristianos, para cumplir dignamente sus deberes de estado, están fortificados y como consagrados por [este] sacramento especial, con cuya virtud, al cumplir su misión conyugal y familiar, imbuidos del espíritu de Cristo, que satura toda su vida de fe, esperanza y caridad, llegan cada vez más a su propia perfección y a su mutua santificación, y, por tanto, conjuntamente, a la glorificación de Dios.[50]

---

[50] GS, núm. 48.

Como el llamado a Adán y Eva a convertirse en una sola carne se lleva a efecto en un plano más profundo en la creación de la Iglesia como la Esposa de Cristo, sólo se puede ver la profundidad del significado del matrimonio en relación con Cristo y su amor por la Iglesia como su Esposa. El matrimonio es un llamado a darse a sí mismo al cónyuge tan plenamente como Cristo se dio a la Iglesia. El significado natural del matrimonio como un darse el uno al otro no es reemplazado, sino que es realizado y elevado a un plano superior.

El matrimonio cristiano como sacramento

El matrimonio es uno de los "misterios", o sacramentos, de la Iglesia. El *Catecismo de la Iglesia Católica* lo expresa de este modo: "El Matrimonio cristiano viene a ser... signo eficaz, sacramento de la alianza de Cristo y de la Iglesia".[51] Un "signo eficaz" es un signo que no simplemente simboliza o significa algo, sino que realmente hace presente lo que significa. El matrimonio significa y hace presente a los cónyuges bautizados el amor de Cristo por el cual él formó la Iglesia como su esposa: "así como Dios antiguamente se adelantó a unirse a su pueblo por una alianza de amor y de fidelidad, así ahora el Salvador de los hombres y Esposo de la Iglesia sale al encuentro de los esposos cristianos por medio del sacramento del matrimonio".[52]

Al usar la imagen de la relación entre el esposo y la esposa para explicar la relación entre Cristo y la Iglesia, la Escritura está apelando a una relación humana natural que ya es bien conocida. Todos nosotros sabemos algo sobre la profundidad, la intimidad y la belleza del don de sí que se produce en el matrimonio de marido y mujer. Sin embargo, la Escritura muestra también que el amor de Cristo por la Iglesia supera el amor humano natural. El amor de Cristo por la Iglesia es un amor que se da por completo a sí. Este amor se expresa de la forma más completa con su muerte en

---

51 CIC, núm. 1617.

52 GS, núm. 48.

la Cruz. El matrimonio cristiano aspira no sólo al amor humano natural, sino al amor de Cristo por la Iglesia:

> Maridos, amen a sus esposas como Cristo amó a su Iglesia y se entregó por ella para santificarla, purificándola con el agua y la palabra, pues él quería presentársela a sí mismo toda resplandeciente, sin mancha ni arruga ni cosa semejante, sino santa e inmaculada. (Ef 5:25-27)

Los cónyuges cristianos están llamados a esta imitación de Cristo, una imitación que sólo es posible porque, en el sacramento del matrimonio, la pareja recibe una participación en su amor. Como sacramento, el matrimonio significa y hace presente en la pareja el don total de amor que hace Cristo de sí. El mutuo don de sí que hace la pareja, conferido en sus promesas de fidelidad y amor *hasta el extremo*, se convierte en participación en el *amor hasta el extremo* por el cual Cristo se dio a sí mismo a la Iglesia como a una Esposa (véase Jn 13:1).

Los cónyuges bautizados son los ministros del sacramento del matrimonio. Además, para que los matrimonios se celebren dentro de la Iglesia Católica Latina, la forma canónica requiere, entre otras cosas, que un obispo, sacerdote o diácono autorizado pida y reciba el consentimiento de los cónyuges como el testigo oficial de la Iglesia en la celebración del matrimonio. En el caso de los matrimonios de miembros de las Iglesias Católicas Orientales, se requiere la asistencia y bendición de un obispo o sacerdote autorizado.[53] El Espíritu Santo junta a los cónyuges mediante su intercambio de promesas en un lazo de amor y fidelidad hasta la muerte. Su alianza matrimonial se convierte en una participación en la alianza inquebrantable entre Cristo el Esposo y su Esposa, la Iglesia. El mismo amor que define a la Iglesia define ahora la comunión entre los dos cónyuges: "El genuino amor conyugal es asumido en el amor divino y se rige y enriquece por la virtud redentora de Cristo y la acción salvífica de la Iglesia".[54]

---

53 Véanse CIC, núm. 1623; CDC, cc. 1055, 1057, 1108; CCIO, cc. 776, 817, 828.
54 GS, núm. 48.

Cuando las parejas cristianas reciben la gracia del sacramento del matrimonio,

> Cristo permanece con ellos, les da la fuerza de seguirle tomando su cruz, de levantarse después de sus caídas, de perdonarse mutuamente, de llevar unos las cargas de los otros "sometidos unos a otros en el temor de Cristo" y de amarse con un amor sobrenatural, delicado y fecundo.[55]

Por el poder del Espíritu Santo, los cónyuges se vuelven dispuestos a brindarse los actos y atenciones del amor el uno al otro, independientemente de los sentimientos del momento. Están formados por el amor de Cristo que se da a sí por su Iglesia como su Esposa, y así adquieren la capacidad de desempeñar actos de amor que se da a sí para beneficio de ellos mismos, sus familias y la Iglesia en su conjunto. El sacramento del matrimonio, así como el sacramento de las Sagradas Órdenes, "están ordenados a la salvación de los demás. Contribuyen ciertamente a la propia salvación, pero esto lo hacen mediante el servicio que prestan a los demás".[56] Los que reciben estos sacramentos reciben una consagración especial en el nombre de Cristo para llevar a cabo los deberes de su estado particular en la vida.

La imitación del amor de Cristo por la Iglesia llama también a curar las relaciones entre el hombre y la mujer. Ésta no debe ser una sujeción unilateral de la esposa al esposo, sino más bien una sujeción mutua de esposo y esposa. San Pablo habló en verdad de un modo que, según el papa Juan Pablo II, estaba "profundamente arraigado en la costumbre y en la tradición religiosa de su tiempo": "que las mujeres respeten a sus maridos, como si se tratara del Señor" (Ef 5:22). El Santo Padre explica, sin embargo, que esta expresión "ha de entenderse y realizarse de un modo nuevo", esto es, a la luz de lo que san Pablo dijo inmediatamente antes: "Respétense unos a otros, por reverencia a Cristo" (Ef 5:21). El Sumo Pontífice enfatiza que esto es algo nuevo, "la novedad

---
[55] CIC, núm. 1642.
[56] CIC, núm. 1534.

evangélica", que ha apremiado y seguirá apremiando a las sucesivas generaciones después de san Pablo.[57]

El matrimonio como reflejo de la vida de la Trinidad

A través de toda la historia, Dios nos ha mostrado su amor desprendido. Al desposarse con la Iglesia en amor sacrificial y vivificante, Cristo revela el amor del Padre en el poder del Espíritu Santo. Nos muestra la vida interior de la Santísima Trinidad, una comunión de personas, Padre, Hijo y Espíritu Santo. La Iglesia misma es una comunión de personas que comparte la vida y amor trinitarios de Dios.

> El misterio de la Santísima Trinidad es el misterio central de la fe y de la vida cristiana. Es el misterio de Dios en sí mismo. Es, pues, la fuente de todos los otros misterios de la fe; es la luz que los ilumina. Es la enseñanza más fundamental y esencial en la "jerarquía de las verdades de fe".[58]

Mediante el sacramento del matrimonio, el amor conyugal no sólo es modelado según el amor trinitario, sino que también participa en él. Como todos los sacramentos, el matrimonio acerca a los creyentes más profundamente a la vida trinitaria de Dios. No fue hasta que el Padre envió a su Hijo al mundo como hombre, y la subsiguiente efusión del Espíritu Santo, que la plena identidad de Dios como Trinidad de Personas quedó revelada. Esta Revelación no sólo permitió a la humanidad llegar a un conocimiento definitivo de Dios: puesto que el misterio de la Trinidad es la fuente de todos los otros misterios, la revelación de este misterio ilumina a todos los demás. Esto incluye tanto el misterio de que los seres humanos son creados a la imagen y semejanza de Dios, como el misterio que constituyen el matrimonio y la vida familiar.

---

57   Véase MD, núm. 24.
58   CIC, núm. 234.

Como aprendemos a partir del misterio de la Trinidad, ser a imagen y semejanza de Dios no es simplemente tener inteligencia y libre albedrío, sino también vivir en una comunión de amor. Desde toda la eternidad el Padre engendra a su Hijo en el amor del Espíritu. Al engendrar al Hijo, el Padre se da enteramente al Hijo en el amor del Espíritu Santo. El Hijo, habiendo sido engendrado del Padre, devuelve perfectamente ese amor dándose enteramente al Padre en el mismo Espíritu de amor. Es porque es engendrado del Padre, y ama al Padre en el mismo Espíritu, que es llamado Hijo. El Espíritu Santo es entonces reconocido como el mutuo amor del Padre por su Hijo y del Hijo por su Padre. Por esto es que el Espíritu es conocido como el don del amor.

Aquí uno puede ver que el Padre, el Hijo y el Espíritu Santo se dan enteramente el uno al otro en un intercambio vivificante de amor. Por lo tanto, la Trinidad es una comunión amorosa y vivificante de Personas iguales. Dios, que es uno, es la interrelación amorosa del Padre, el Hijo y el Espíritu Santo.

Por consiguiente, ser creados a la imagen y semejanza de Dios significa que los seres humanos reflejan no la vida de una deidad solitaria, sino la vida comunal de la Trinidad. Los seres humanos fueron creados no para vivir vidas solitarias, sino para vivir en comunión con Dios y entre sí, una comunión que es tanto vivificante como amorosa. "La imagen divina está presente en todo hombre. Resplandece en la comunión de las personas a semejanza de la unión de las personas divinas entre sí".[59]

En un plano básico esto se presencia en la naturaleza social de los seres humanos. Vivimos en sociedades para el beneficio mutuo de todos. "Todos los hombres son llamados al mismo fin: Dios. Existe cierta semejanza entre la unión de las personas divinas y la fraternidad que los hombres deben instaurar entre ellos, en la verdad y el amor. El amor al prójimo es inseparable del amor a Dios".[60] En la comunidad más pequeña de la pareja casada y su familia, la imagen de la Trinidad puede ser vista más claramente

---

59 CIC, núm. 1702.
60 CIC, núm. 1878.

aún. Aquí hay dos maneras de ver la imagen trinitaria en el matrimonio y la vida familiar.

En primer lugar, como las Personas de la Trinidad, el matrimonio es una comunión de amor entre personas iguales entre sí, empezando con el amor entre el marido y la mujer y luego extendiéndose a todos los miembros de la familia. El papa Juan Pablo II enseña, "La familia, fundada y vivificada por el amor, es una comunidad de personas: del hombre y de la mujer esposos, de los padres y de los hijos, de los parientes".[61]

Esta comunión de amor vivificante se presencia en el seno de la vida de la familia, donde los padres e hijos, hermanos y hermanas, abuelos y parientes son llamados a vivir en armonía amorosa entre sí y a brindarse apoyo mutuo. El *Catecismo de la Iglesia Católica* enseña que "la familia cristiana es una comunión de personas, reflejo e imagen de la comunión del Padre y del Hijo en el Espíritu Santo".[62]

Estas relaciones entre las personas en comunión se distinguen unas de otras y simultáneamente se unen unas a otras. Por ejemplo, el Padre es sólo el Padre en relación con el Hijo y el Espíritu Santo. En consecuencia, tal como el Padre, el Hijo y el Espíritu Santo son claramente lo que son sólo en su relación mutua, así un hombre y una mujer son claramente lo que son como esposo y esposa sólo en su relación mutua. Al mismo tiempo, de manera análoga a las relaciones entre Padre, Hijo y Espíritu Santo, que une a las tres personas como un solo Dios, la interrelación entre el esposo y la esposa los hace uno solo como pareja casada.

La imagen trinitaria en el matrimonio en la vida familiar puede ser vista de una segunda manera. Tal como la Trinidad de las personas es una comunión vivificante de amor tanto en su relación mutua como con el conjunto de la creación, así una pareja casada comparte esta comunión vivificante de amor al procrear hijos juntos en el acto conyugal de amor. Según santo Tomás de Aquino, aunque los ángeles están, estrictamente hablando, más

---

61 FC, núm. 18.
62 CIC, núm. 2205.

alto que los seres humanos por naturaleza, la capacidad de procrear en amor hace a los seres humanos, al menos en cierto sentido, más a la imagen y semejanza de Dios que los ángeles, que no pueden procrear. En los seres humanos se encuentra "cierta imitación de Dios, consistente en el hecho de que el hombre procede del hombre, como Dios procede de Dios".[63]

La familia como iglesia doméstica

La familia cristiana es una comunión de personas, reflejo e imagen de la comunión del Padre y del Hijo en el Espíritu Santo. Su actividad procreadora y educativa es reflejo de la obra creadora de Dios. Es llamada a participar en la oración y el sacrificio de Cristo. La oración cotidiana y la lectura de la Palabra de Dios fortalecen en ella la caridad. La familia cristiana es evangelizadora y misionera.[64]

Aunque el Hijo de Dios fue concebido en el vientre de la Virgen María, haciéndose hombre por el poder del Espíritu Santo, nació no obstante en una genuina familia humana. Aunque María fue su verdadera madre, José, como esposo de ella, fue el padre de Jesús a los ojos de la ley. Al vivir con María y José, Jesús aprendería a orar a su Padre celestial, a leer y estudiar las Escrituras, y en general a vivir como un devoto hombre judío. Jesús asistiría con su familia a la sinagoga local y haría el peregrinaje anual a Jerusalén para la Pascua. Al ser obediente a María y José, "Jesús iba creciendo en saber, en estatura y en el favor de Dios y de los hombres" (Lc 2:52). Dentro del contexto de su familia Jesús llegaría a conocer como hombre la voluntad de su Padre celestial, que lo había enviado al mundo a ser su Salvador y Redentor. Al contemplar la familia judía de José, María y Jesús, las personas hoy pueden comprender cómo esta Sagrada Familia es en verdad el modelo y fuente de inspiración para todas las familias cristianas.

---

63 Tomás de Aquino, *Summa Theologiae*, I, q. 93, art. 3, en *Fathers of the English Dominican Province* [Padres de la Provincia Dominica Inglesa] (New York: Benziger Brothers, 1947). Versión del traductor.

64 CIC, núm. 2205.

Desde los primeros días de la Iglesia, familias y hogares enteros han encontrado salvación en Jesús. Cornelio, el primer gentil cristiano, fue avisado por un ángel a que mandara por Pedro, pues "lo que él te diga, te traerá la salvación a ti y a toda tu familia" (Hch 11:14). Pablo y Silas predicaron el Evangelio a su ex carcelero y su familia. "Enseguida se bautizó él con todos los suyos" (Hch 16:33). En Corinto, "Crispo, el jefe de la sinagoga, creyó en el Señor, junto con toda su familia" (Hch 18:8). El *Catecismo de la Iglesia Católica* afirma, "Estas familias convertidas eran islotes de vida cristiana en un mundo no creyente".[65] Tal como las primeras familias cristianas eran islotes de fe en su tiempo, así las familias católicas hoy son llamadas a ser rayos de luz, "faros de una fe viva e irradiadora".[66]

A través del sacramento del matrimonio, las parejas cristianas son configuradas al amor de Cristo por la Iglesia. Debido a esta participación en el amor de Cristo, la comunión de personas formadas por la pareja casada y su familia es una especie de microcosmos de la Iglesia. Por esta razón, el Concilio Vaticano II emplea la antigua expresión "iglesia doméstica", *ecclesia domestica*, para describir la naturaleza de la familia cristiana.[67] La familia es llamada una "iglesia doméstica" porque es una pequeña comunión de personas que recibe su sustento de la comunión más grande que es el Cuerpo de Cristo en su conjunto, la Iglesia, y a la vez refleja la vida de la Iglesia en cuanto que constituye una especie de resumen de ella.

El papa Juan Pablo II afirma, "Una revelación y actuación específica de la comunión eclesial está constituida por la familia cristiana que también por esto puede y debe decirse 'Iglesia doméstica'".[68] Tal como la Iglesia es una comunidad de fe, esperanza y amor, así la familia cristiana, como la iglesia doméstica,

---

65 CIC, núm. 1655.
66 CIC, núm. 1656.
67 Véase Concilio Vaticano II, *Constitución dogmática sobre la Iglesia* (*Lumen Gentium* [LG]) (*www.vatican.va/archive/hist_councils/ii_vatican_council/documents/vatii_const_19641121_lumen-gentium_sp.html*), núm. 11.
68 FC, núm. 21.

está llamada a ser una comunidad de fe, esperanza y amor. Mediante esta fe, esperanza y amor, Jesús, por el poder de su Espíritu Santo, habita en cada familia cristiana, como habita dentro de la Iglesia en su conjunto, y derrama el amor de su Padre dentro de ella. Cada matrimonio entre cristianos engendra una iglesia doméstica, aunque los matrimonios entre dos católicos reflejan más plenamente la vida de la Iglesia, porque ordinariamente sólo las parejas católicas pueden participar plenamente en los sacramentos de la Iglesia, incluyendo la Eucaristía.[69]

Aunque todos los miembros de la familia están llamados a vivir las virtudes cristianas fundamentales, los padres y las madres tienen una especial responsabilidad por fomentar estas virtudes dentro de sus hijos. Ellos son los primeros en proclamar la fe a sus hijos. Ellos son responsables de alimentar la vocación de cada hijo, mostrando con el ejemplo cómo vivir la vida conyugal, y poniendo cuidado especial si un hijo pudiera ser llamado al sacerdocio o la vida consagrada.[70]

Los padres no sólo presentan a sus hijos al bautismo, sino que, habiéndolo hecho, se tornan los primeros evangelizadores y maestros de la fe.[71] Ellos evangelizan enseñando a sus hijos a orar y orando con ellos. Llevan a sus hijos a misa y les enseñan relatos bíblicos. Les muestran cómo obedecer los mandamientos de Dios y vivir una vida cristiana de santidad. Las escuelas católicas, los programas de educación religiosa y los recursos católicos de enseñanza en casa pueden ayudar a los padres a cumplir con estas obligaciones.

Cooperando juntos, con la ayuda del Espíritu Santo, los padres cultivan las virtudes dentro de cada uno de sus hijos y dentro de su familia en su conjunto: amor, alegría, paz, generosidad, benignidad, bondad, fidelidad, mansedumbre y dominio de

---

69 Véanse CDC, c. 844; Pontificio Consejo para la Promoción de la Unidad de los Cristianos, *Directrices para la aplicación de principios y normas sobre el ecumenismo* (*www.vatican.va/roman_curia/pontifical_councils/chrstuni/general-docs/rc_pc_chrstuni_doc_19930325_directory_en.html*), núms. 125, 131.

70 Véase LG, núm. 11.

71 Véanse CDC, cc. 226 §2, 774 §2, 793, 867 §1, 1125 1°; CCIO, cc. 618, 627, 686 §1, 814 1°.

sí mismo (véase Ga 5:22-23). El *Catecismo de la Iglesia Católica*, citando el Concilio Vaticano II, enfatiza que la familia, como iglesia doméstica, recibe su fortaleza y su vida participando en la vida y el culto de la Iglesia mayor de la que es parte:

> Aquí es donde se ejercita de manera privilegiada el *sacerdocio bautismal* del padre de familia, de la madre, de los hijos, de todos los miembros de la familia, "en la recepción de los sacramentos, en la oración y en la acción de gracias, con el testimonio de una vida santa, con la renuncia y el amor que se traduce en obras" (LG, núm. 10). El hogar es así la primera escuela de vida cristiana y "escuela del más rico humanismo" (GS, núm. 52,1). Aquí se aprende la paciencia y el gozo del trabajo, el amor fraterno, el perdón generoso, incluso reiterado, y sobre todo el culto divino por medio de la oración y la ofrenda de su vida.[72]

A medida que se sumerge cada vez más profundamente dentro de la vida de la Iglesia una familia madura como iglesia doméstica. Esto significa especialmente que los padres y las madres, con su ejemplo y enseñanza, ayudan a sus hijos a llegar a una apreciación de la necesidad de una continua conversión y arrepentimiento del pecado, alentando un amor por el sacramento de la reconciliación y la participación en él.

Además, puesto que es la presencia de Cristo dentro de la familia lo que la hace de verdad una iglesia doméstica, su participación en la Eucaristía, especialmente la Eucaristía del domingo, es particularmente importante. En la Eucaristía, la familia se une al sacrificio de Jesús al Padre por el perdón de los pecados. Asimismo, es al recibir la Sagrada Comunión que los miembros de la familia están más plenamente unidos al Cristo vivo y glorioso y así unos a otros y a sus hermanos y hermanas del mundo entero. Es aquí, en el Cristo resucitado y eucarístico, que esposos, padres e hijos expresan y cultivan con máxima plenitud el amor del Padre y el vínculo del Espíritu.

---

72 CIC, núm. 1657.

Aunque los cónyuges cristianos en un matrimonio mixto (esto es, entre un católico y una persona bautizada que no es católica) no comparten ordinariamente la Eucaristía,[73] están llamados a dar "testimonio de la universalidad del amor de Dios que triunfa sobre las divisiones".[74]

Estas familias pueden experimentar las heridas de la división cristiana, y sin embargo pueden también contribuir a la sanación de dichas heridas. Cuando los dos cónyuges viven juntos en paz, constituyen un recordatorio a todos los cristianos de que es posible el progreso hacia la unidad por la que Cristo oró. Por tanto, los matrimonios mixtos pueden hacer una contribución importante a la unidad cristiana. Esto es especialmente cierto "cuando los dos cónyuges son fieles a sus deberes religiosos. El bautismo común y el dinamismo de la gracia procuran a los esposos, en estos matrimonios, la base y las motivaciones para compartir su unidad en la esfera de los valores morales y espirituales".[75]

A veces los católicos contraen matrimonios válidos con personas de otras religiones que no profesan la fe en Cristo. Como tales matrimonios pueden hacer más difícil la perseverancia de un católico en la fe, se pide a la parte católica, después de mucho discernimiento con su futuro cónyuge en cuanto a la conveniencia de que contraigan matrimonio, que obtenga una dispensa para casarse en la Iglesia. Tal matrimonio con una persona no bautizada no es un sacramento, aunque las partes sí se comprometan a la fidelidad, la permanencia y la apertura a los hijos.

Es importante reconocer las presiones religiosas y culturales que a veces hacen difícil que la parte católica comparta su fe con los hijos. La parte católica debe tomar seriamente las obligaciones impuestas por la fe, especialmente con respecto a la crianza religiosa de los hijos. La Iglesia requiere que la parte católica sea fiel a

---

73 Véanse CDC, c. 844; *Directrices para la aplicación de principios y normas sobre el ecumenismo*, núms. 125, 131.

74 USCCB, *Sigan el camino del amor: Un mensaje pastoral a la familia* (Washington, DC: USCCB, 1993).

75 FC, núm. 78.

su fe y que "prometa sinceramente que hará cuanto le sea posible"[76] para que los niños sean bautizados y criados en la fe católica. El cónyuge no católico debe ser informado en su momento "sobre las promesas que debe hacer la parte católica, de modo que conste que es verdaderamente consciente de la promesa y de la obligación de la parte católica".[77]

En Estados Unidos, los matrimonios entre personas de religiones distintas se han vuelto cada vez más comunes. Al reconocer que otras comunidades confesionales consideran el matrimonio como una institución sagrada que contribuye a la edificación de la civilización, la Iglesia Católica advierte a la misma vez que estas uniones enfrentan desafíos particulares que deben ser asumidos con realismo y confianza en la gracia de Dios.

El matrimonio como vocación

Dios que ha creado al hombre por amor lo ha llamado también al amor, vocación fundamental e innata de todo ser humano.[78]

La Iglesia enseña que el matrimonio es una vocación auténtica, o llamado divino. Como vocación, el matrimonio es tan necesario y valioso para la Iglesia como otras vocaciones. Por esta razón, todos nosotros debemos orar para que los hombres y las mujeres contraigan matrimonio con la debida comprensión y motivación y para que lo vivan con generosidad y gozo.

Como con toda vocación, el matrimonio debe ser entendido dentro de la vocación primordial al amor, porque la humanidad "fue [creada] a imagen y semejanza de Dios, que es Amor".[79] En el bautismo, Dios llama a los fieles a crecer en el amor. Esta vocación al amor, en imitación del infinito amor de Dios, es también una vocación a crecer en santidad, pues una mayor participación en el

---

76 CDC, c. 1125 1°.
77 CDC, c. 1125 2°.
78 CIC, núm. 1604.
79 CIC, núm. 1604.

amor de Dios supone necesariamente una mayor participación en la santidad de Dios. El Concilio Vaticano II enseña que "los fieles todos, de cualquier condición y estado que sean... son llamados por Dios cada uno por su camino a la perfección de la santidad por la que el mismo Padre es perfecto".[80] Dentro de esta vocación universal a la santidad, Dios llama a algunos hombres al sacerdocio o al diaconado, y a otros hombres y mujeres a la vida consagrada. Sin embargo, para la gran mayoría de los hombres y las mujeres, Dios pone esta vocación universal a la santidad dentro de la vocación específica al matrimonio. Aquéllos cuyas circunstancias en la vida no incluyan el matrimonio, la ordenación o la consagración están, no obstante, llamados a discernir y hacer un don personal de sí en la manera en que viven una vida cristiana.

¿Cómo disciernen los hombres y las mujeres el llamado al matrimonio? El discernimiento y la preparación para el matrimonio empiezan temprano en la vida. *Familiaris Consortio* identifica tres etapas en la preparación para el matrimonio: una preparación remota, una próxima y otra inmediata.[81] La preparación *remota* se produce en la primera etapa de la vida, cuando los niños experimentan el amor y cuidado de los padres casados y empiezan a aprender los valores y virtudes que formarán su carácter. La preparación *próxima* empieza alrededor de la pubertad y abarca una preparación más específica para los sacramentos, incluyendo una comprensión de las relaciones saludables, la sexualidad, la virtud de la castidad y la paternidad responsable.

Para la época de la preparación *inmediata*, la pareja ha crecido en la convicción de que Dios los está llamando al matrimonio con una persona particular. La oración, especialmente en busca de orientación por el Espíritu Santo, y la ayuda de mentores sabios son decisivos en este proceso de discernimiento. El discernimiento implica también una evaluación honesta de las cualidades que son fundamentales para el matrimonio. Éstas incluyen la capacidad para asumir y mantener un compromiso, el deseo de una relación fiel y para toda la vida, y la apertura a los hijos. La pareja

---

80   LG, núm. 11; véanse CDC, c. 210; CCIO, c. 13.
81   Véase FC, núm. 66.

querrá también reflexionar en los valores que comparten, en su capacidad para comunicarse y en la coincidencia en torno a cuestiones significativas.

La vocación conyugal no es un asunto privado o meramente personal. Sí, el matrimonio es una unión y relación profundamente personal, pero es también para el bien de la Iglesia y la comunidad entera. El Concilio Vaticano II enseña que "el bienestar de la persona y de la sociedad humana y cristiana está estrechamente ligado a la prosperidad de la comunidad conyugal y familiar".[82] Como vocación, o llamado de Dios, el matrimonio tiene un estatus público y eclesial dentro de la Iglesia. Los cónyuges católicos intercambian ordinariamente el consentimiento conyugal dentro de un entorno eclesiástico, ante un sacerdote o diácono.[83] La vida del matrimonio tiene lugar dentro del Cuerpo de Cristo en su conjunto, al que sirve y en el que encuentra sustento.

Además, el Estado y la comunidad secular reconocen oficialmente el estado conyugal y familiar de la pareja y están obligados a ayudar a apoyarla y sostenerla. La naturaleza eclesial y pública del matrimonio y la vida familiar es lo que impide que los matrimonios y familias queden aislados. El matrimonio y las familias están obligados, por su misma naturaleza, a contribuir a la vida de la Iglesia y a las necesidades más amplias de la sociedad.

El crecimiento en el matrimonio cristiano

El día de su boda, la pareja dice un "sí" definitivo a su vocación de matrimonio. Entonces empieza el verdadero trabajo del matrimonio. Por el resto de su vida matrimonial, la pareja tiene el desafío de crecer, mediante la gracia, en lo que ya es: o sea, una imagen del amor de Cristo por su Iglesia.[84]

"¡Sé lo que eres!"[85] podría ser una gran exhortación a las parejas recién casadas, especialmente dada la fuerte tendencia de

---

82 GS, núm. 47.
83 Véanse CDC, c. 1108; CCIO, c. 828.
84 Véase FC, núm. 17.
85 FC, núm. 17.

nuestros días a reducir el amor del lazo matrimonial a sólo un sentimiento, tal vez el amor romántico del cortejo y la luna de miel. Cuando ese sentimiento se agosta, puede parecerles que no les queda nada y que han fracasado.

Sin embargo, en esos mismos momentos su vocación como esposos los llama a ir más allá, a "ser lo que son", miembros de una comunión matrimonial definida por el amor esponsal inquebrantable de Cristo por su Iglesia. Aunque los esposos y las esposas pueden aferrarse a la promesa incondicional que hicieron en su boda como fuente de gracia, esto requerirá un esfuerzo persistente. Mantener las mutuas atenciones —perseverar en la fidelidad, amabilidad, comunicación y asistencia mutua— puede convertirse en una profunda expresión de caridad conyugal. Significa crecer en un amor que es mucho más profundo que un sentimiento romántico.

Tal crecimiento será motivo de admiración y gratitud por el buen ejemplo cristiano del otro cónyuge y por el siempre inmerecido don del amor. En esta admiración y gratitud por el amor perdurable y fiel del otro cónyuge, uno puede ver a Cristo, que amó hasta el extremo. Uno puede también reconocer a Cristo obrando en uno mismo como cónyuge.

¿Y qué hay de la expresión física del amor conyugal? Las parejas casadas nos dicen que en ciertos momentos de la vida conyugal las relaciones sexuales no parecen tan satisfactorias como una vez lo parecieron, y las parejas en esta situación pueden llegar a pensar que han fracasado en la única cosa que nuestra cultura secular nos dice ser esencial. Puede parecer insensato o deprimente persistir en un matrimonio que ha llegado a parecer frustrante. Sin embargo, la versión consumista del sexo es la que está vacía y es inevitablemente frustrante, y eso en último término acaba sofocando la vida sexual.

Los seres humanos alcanzan su más profunda realización sólo con la participación en la vida divina de la Trinidad, que viene a través de la participación en el amor que se da de sí y se derrama del corazón atravesado de Cristo en la Cruz. Esta realización es exactamente lo que ofrece el sacramento del matrimonio.

La claridad de una promesa de amor hasta el extremo hace posible que los cónyuges, en Cristo, alcancen una intimidad en que hay confianza en vez de pena. Dejando atrás los placeres lujuriosos y egocéntricos de nuestra cultura, uno puede encaminarse, en Cristo, hacia el descubrimiento de una intimidad que sea profundamente satisfactoria porque es una participación en el don íntimo que Cristo hace de sí mismo.

El crecimiento en las virtudes

Hay otra manera de mirar el crecimiento en el matrimonio: o sea, como crecimiento en la virtud. A medida que una pareja crezca en la virtud, crece en la santidad. En otras palabras, la pareja adquiere, por la oración y la disciplina, aquellas cualidades interiores que la abren al amor de Dios y le permiten participar en su amor más profundamente. Las parejas comprenden esto instintivamente cuando hablan sobre su matrimonio como un medio de conducirse mutuamente al cielo.

La vocación al matrimonio, como otras vocaciones, es el vivir las virtudes teológicas de la fe, la esperanza y la caridad, las virtudes fundamentales que cada persona recibe del Espíritu Santo en el bautismo y a través de las cuales todos nos volvemos santos. Esto significa que el esposo y la esposa están llamados a vivir su matrimonio en la fe, la fe en Jesús como su Señor y Salvador y conforme a las enseñanzas de la Iglesia. Deben fomentar este espíritu evangélico entre sí y dentro de sus hijos mediante su enseñanza y ejemplo.[86]

Igualmente, viven en la esperanza de la bondad, misericordia y generosidad de Dios. En medio de las inevitables pruebas y penurias, confían en que Dios está cuidando graciosamente de ellos y de su familia. Confían en que el amor del Padre nunca los abandonará, sino que, en la unión con Jesús, siempre estarán en su presencia.

---

86 Véanse CDC, c. 226 §1; CCIO, c. 407.

La fe y la esperanza encuentran su más plena expresión en el amor: el amor de Dios y el amor al prójimo. El llamado al amor va más allá del hogar y llega a la familia extendida, la vecindad y la comunidad mayor. Este amor matrimonial y familiar encuentra su completa expresión, siguiendo el ejemplo de Jesús mismo, en la voluntad de sacrificarse en las situaciones cotidianas por el cónyuge y los hijos. No hay más grande amor dentro de un matrimonio y una familia que el que los cónyuges y los hijos den su vida unos a otros. Ésta es la esencia de la vocación del matrimonio, la esencia del llamado a ser santos.

El amor en el sacramento del matrimonio incluye todas las virtudes, y cada virtud específica es una manifestación del amor. Un matrimonio santo, un matrimonio que es una comunión de personas y un signo del amor de Dios, está compuesto por muchas virtudes que son adquiridas por el esfuerzo humano.

Enraizada en las virtudes teológicas, una pareja debe también crecer en las virtudes morales principales. Éstas son la prudencia, la justicia, la fortaleza y la templanza. Todas las otras virtudes están agrupadas en torno a estas cuatro. Practicar las virtudes morales nos lleva cada vez más profundamente al amor de Dios mediante el Espíritu Santo, con el resultado de que habitualmente manifestamos su amor en nuestras vidas cotidianas.

La *castidad* y la *gratitud* son dos virtudes que a veces son pasadas por alto en relación a la vida matrimonial. Éstas deben ser practicadas tanto en los matrimonios naturales como sacramentales.

La castidad

Todos están llamados a la castidad, casados o no. La virtud de la castidad es considerada tradicionalmente una expresión de la virtud de la templanza, que posibilita que se disfruten diversas clases de placeres cuando es bueno y apropiado hacerlo, y se rechacen ciertos placeres cuando no lo es. La castidad tiene que ver específicamente con la apropiada disposición del deseo sexual. Se refiere a la integración pacífica de pensamientos, sentimientos y deseos sexuales.

Parte del aprendizaje de cómo usar el libre albedrío es aprender a vivir castamente. El *Catecismo de la Iglesia Católica* enseña, "La castidad implica un *aprendizaje del dominio de sí*, que es una pedagogía de la libertad humana. La alternativa es clara: o el hombre controla sus pasiones y obtiene la paz, o se deja dominar por ellas y se hace desgraciado".[87]

La castidad será vivida de un modo algo diferente dependiendo de las circunstancias de la vida de cada uno. Las personas solteras, los religiosos consagrados y los sacerdotes experimentan la castidad de modo diferente que las personas casadas. En efecto, algunas personas se sorprenden de que las personas casadas sean llamadas a la castidad. Confunden castidad con celibato o abstinencia sexual, pero la castidad conyugal tiene un significado distinto.

Las personas casadas están llamadas a amar con castidad conyugal. Es decir, su amor ha de ser total, fiel, exclusivo y abierto a la vida.[88] El amor conyugal asocia "lo humano y lo divino", llevando a "los esposos a un don libre y mutuo de sí mismos".[89] La práctica de la castidad conyugal asegura que tanto el esposo como la esposa se esforzarán por vivir como un don de sí mismos, el uno al otro, generosamente. En otras palabras, la castidad conyugal protege un gran bien: la comunión de las personas y los propósitos procreadores del matrimonio.

En esta carta pastoral ya hemos discutido cómo los anticonceptivos amenazan la castidad conyugal. Abundan otras amenazas a la castidad conyugal. En el lugar de trabajo, los hombres y las mujeres lidian con cuestiones de límite al formar relaciones profesionales y amistades personales. Los traslados de militares a otros lugares pueden tensionar los matrimonios al separar a los cónyuges por largos períodos de tiempo.

La pornografía, particularmente la pornografía por la Internet, es una seria amenaza a la castidad conyugal y es gravemente

---

87   CIC, núm. 2339.
88   Véase HV, núm. 9.
89   GS, núm. 49.

inmoral. La Internet ha hecho que la pornografía sea fácilmente accesible dentro de la privacidad del hogar. El uso de la pornografía puede convertirse rápidamente en una adicción que hace perder la confianza y la intimidad entre el esposo y la esposa y, en algunos casos, llevar al quebrantamiento de la vida en común de los cónyuges.

El adulterio es una violación verdaderamente seria de la castidad marital. Viola la alianza matrimonial y hace perder la confianza básica necesaria para perseverar en el don total de sí, del uno al otro. Es importante que esto sea reconocido como comportamiento seriamente pecador, que socava la fidelidad exclusiva prometida, siembra la semilla de las rupturas matrimoniales y causa increíble daño a los hijos.

Un matrimonio que esté creciendo continuamente en la intimidad física, emocional y espiritual es una fuerte defensa contra estas tentaciones. Las habilidades para la comunicación y la relación son cruciales para construir tal intimidad. A medida que los cónyuges aprendan a mejorar su comunicación, pueden responder mejor a la necesidad del amor, la aceptación y el aprecio recíprocos. Profundizan la intimidad conyugal y fortalecen su práctica de la castidad.

La gratitud

La exclamación de Adán al ver a Eva —"Esta sí es hueso de mis huesos y carne de mi carne" (Gn 2:23)— es una exclamación de gozo. Adán expresa gozo al recibir de Dios a alguien que es tan verdaderamente humano como él, pero que es diferente de una manera armónica o complementaria. Su gozo es una expresión de gratitud al recibir el don de Eva. Igualmente Eva debe de haberse regocijado al ver a Adán, pues ella vio también a alguien que la complementaba y que era verdaderamente humano como ella. Esta virtud de la gozosa gratitud es decisiva para la vida matrimonial y familiar. Cada pareja casada está llamada a fomentar esta gozosa gratitud: el agradecimiento de que cada uno es un don para el otro y que este don del otro proviene en último término del abundante amor de Dios por ellos.

Dentro del matrimonio, la gozosa gratitud se expresa, como lo fue para Adán y Eva, en el dar el ser entero al otro. En gozosa gratitud por su esposa, un esposo se da completamente a su esposa; y en gratitud por su esposo, una esposa se da completamente a su esposo. Este darse gozosamente a sí mismos se expresa y ejemplifica específicamente en el acto sexual. Como enseña el Concilio Vaticano II, "los actos con los que los esposos se unen íntima y castamente entre sí son honestos y dignos, y, ejecutados de manera verdaderamente humana, significan y favorecen el don recíproco, con el que se enriquecen mutuamente en un clima de gozosa gratitud".[90]

Hay un segundo elemento en esta gratitud que se relaciona con el primero. Así como el marido y la mujer están agradecidos el uno por el otro y expresan esta gratitud en el darse completamente el uno al otro, así esta gratitud está abierta a los otros dones que este dar de sí encarna literalmente: es decir, una gratitud por el posible don adicional de los hijos. Dentro de la gratitud de un esposo por su esposa es inherente el que junto con ella él pueda engendrar hijos. Dentro de la gratitud de una esposa por su esposo es inherente el que junto con él pueda concebir hijos. Juntos, el marido y la mujer están agradecidamente abiertos al don de los hijos.

El matrimonio, entonces, ha de ser una escuela para cultivar la gratitud por los dones de Dios y por la apertura a los dones de Dios que son propios del matrimonio. Al practicar la virtud de la gratitud y la apertura, los cónyuges cooperan plenamente en la tarea procreadora de la vida casada: concebir y educar a los hijos. Como los hijos son recibidos con gratitud y con un espíritu de apertura a cada uno de ellos como dones de Dios, ellos mismos se forman en esa misma apertura y en el aprecio por todos esos dones. Estos dones incluyen la vida misma, la dignidad de los seres humanos creados a la imagen y semejanza de Dios, y el maravilloso don de la tierra entera donde toda la vida recibe alimento y sustento.

Además, la virtud de la gratitud desborda el matrimonio y la familia para abrazar a la Iglesia y al mundo. Con gratitud por su

---

[90] GS, núm. 49.

vocación para servir, las parejas casadas y sus hijos son motivados a participar activamente, en concordancia con sus talentos y carismas individuales, en la edificación del Cuerpo de Cristo, la Iglesia.

Por último, vivir una vida de casados en gozosa gratitud y apertura fomenta la hospitalidad. Cuando los cónyuges se hacen una sola carne, su apertura los hace un hogar el uno para el otro. Su comunión entre sí se convierte en un hogar para los hijos, incluyendo hijos adoptivos y acogidos. Su familia, con su acrecentada conciencia de la dignidad humana, brinda hospitalidad a los pobres y a quienes se encuentren necesitados, de acuerdo con las palabras de la bendición final del ritual de las bodas:

> Que sean testigos del amor de Dios en el mundo,
> para que los pobres y afligidos,
> habiendo encontrado en ustedes ayuda y consuelo,
> los reciban con gratitud algún día
> en la casa eterna del Padre.[91]

El crecimiento hacia la perfección

Algunos podrían objetar que crecer en la virtud —ser perfectos como el Padre Celestial es perfecto— es una visión irrealista para las parejas casadas. Después que se casan, las parejas siguen siendo ellas mismas, con todos sus defectos y fallas personales. Los sacramentos, cada uno a su propia manera, sí nos configuran realmente al amor de Cristo revelado en su Pasión, Muerte y Resurrección (el Misterio Pascual), pero no traen perfección al instante.

En el bautismo todos nosotros nos liberamos plenamente del pecado. Recibimos una nueva identidad: "Hecho miembro de la Iglesia, el bautizado ya no se pertenece a sí mismo, sino al que murió y resucitó por nosotros".[92] Y sin embargo, con el bautismo nuestro camino espiritual sólo acaba de empezar. Tenemos que

---

91 *Ritual del matrimonio*, núm. 213.
92 CIC, núm. 1269; véanse 1 Cor 6:19, 2 Cor 5:15.

crecer según el amor al cual hemos sido configurados. Por el bautismo hemos sido configurados a semejanza de Cristo a fin de que podamos crecer en la santidad de la vida y conformarnos crecientemente a su semejanza divina y resucitada. Tenemos que "ser lo que somos".[93]

Aunque la Iglesia es santa por su unión con el Cristo santísimo, la Esposa inmaculada del Cordero inmaculado (véase Ap 22:17), ella está "siempre necesitada de purificación".[94] Cristo ama a la Iglesia "hasta el extremo" (Jn 13:1), y continuamente purifica y reforma a la Iglesia. La Iglesia está siempre llamada a "ser lo que ya es", la Esposa santa de Cristo.

De manera similar, el sacramento del matrimonio configura a los cónyuges en un signo de la amorosa e inquebrantable comunión de Cristo con su Esposa, la Iglesia. Al hacerse una promesa de fidelidad *hasta el extremo*, su comunión se convierte en una participación en el amor esponsal eterno de Jesús por su Iglesia.[95] Al simbolizar y compartir el amor purificador y santificador de Cristo por su Iglesia, las parejas casadas están llamadas a una santidad de vida cada vez más profunda, tal como Cristo llama a su Iglesia a una santidad de vida cada vez más profunda.

Por lo tanto, casarse no confiere mágicamente la perfección. Más bien, el amor en el que los cónyuges han sido configurados es lo bastante poderoso para transformar el camino de toda su vida de modo que se convierta en un encaminarse hacia la perfección. En este camino, los cónyuges se conforman cada vez más a la imagen y semejanza de Cristo de modo que puedan amarse más perfectamente el uno al otro como Cristo ama a su Iglesia.

El matrimonio y la Eucaristía

[La Eucaristía es] el memorial del amor con que [Cristo] nos había amado "hasta el extremo", hasta el don de su vida. En

---

93 FC, núm. 17.
94 CIC, núm. 827.
95 Véase FC, núm. 20.

efecto, en su presencia eucarística permanece misteriosamente en medio de nosotros como quien nos amó y se entregó por nosotros.[96]

En la Eucaristía, las parejas casadas católicas se encuentran con aquél que es la fuente de su matrimonio. "En este sacrificio de la Nueva y Eterna Alianza los cónyuges cristianos encuentran la raíz de la que brota, que configura interiormente y vivifica desde dentro, su alianza conyugal".[97] El papa Benedicto XVI explica cómo, en la Eucaristía, el significado mismo del matrimonio es transfigurado: "La imagen de las nupcias entre Dios e Israel se hace realidad de un modo antes inconcebible: lo que antes era estar frente a Dios, se transforma ahora en unión por la participación en la entrega de Jesús, en su cuerpo y su sangre".[98]

Además, el papa Benedicto señala que el misticismo sacramental que menciona tiene "un carácter social".[99] La Eucaristía "hace la Iglesia" porque "los que reciben la Eucaristía se unen más estrechamente a Cristo. Por ello mismo, Cristo los une a todos los fieles en un solo cuerpo: la Iglesia".[100] En la Eucaristía, los cónyuges encuentran el amor que anima y sostiene su matrimonio, el amor de Cristo por su Iglesia. Este encuentro les posibilita percibir que su matrimonio y su familia no son unidades aisladas, sino que más bien están para acudir en amor a la Iglesia mayor y al mundo del que son viva parte.

El matrimonio manda continuamente al católico creyente a la Eucaristía. Aquí es donde puede expresarse plena y completamente la gratitud que se ha convertido en un hábito vivificante en un matrimonio. "Eucaristía", después de todo, significa "acción de gracias". En la Eucaristía uno agradece a Dios Padre por su

---

96   CIC, núm. 1380.
97   FC, núm. 57.
98   Papa Benedicto XVI, *Deus es amor* (*Deus Caritas Est* [DCE]) (Washington, DC: USCCB, 2006), núm. 13.
99   DCE, núm. 14.
100 CIC, núm. 1396.

supremo don, el don de su Hijo resucitado, quien, a su vez, confiere con máxima plenitud la vida y el amor divino del Espíritu Santo.

El matrimonio es una escuela de gratitud. Al celebrar el sacramento del matrimonio, "los cónyuges cristianos profesan su gratitud a Dios por el bien sublime que se les da de poder revivir en su existencia conyugal y familiar el amor mismo de Dios por los hombres y del Señor Jesús por la Iglesia".[101]

La procreación y educación, el servicio básico e irreemplazable de la familia a la sociedad, son parte de una formación en el amor y una formación para el amor que es una participación en la edificación del Reino de Dios.[102] Tal como la Iglesia es un "sacramento. . . de la íntima unión con Dios y de la unidad de todo el género humano",[103] el matrimonio cristiano y la familia contribuyen a la unidad de la humanidad y a la comunión de la humanidad con Dios.

Por ejemplo, puesto que la Eucaristía "entraña un compromiso en favor de los pobres",[104] así la hospitalidad del matrimonio cristiano se ensancha como un compromiso con la "opción preferencial por los pobres"[105] al educar a cada miembro de la familia para que reconozca la imagen de Dios en cada persona, incluso en el más humilde. Por lo tanto, la virtud natural de la hospitalidad matrimonial se nutre y se forma más ampliamente incluso con la vida eucarística de los cónyuges.

Su hospitalidad, a su vez, edificará la Iglesia, haciendo de la Iglesia un lugar más hospitalario o parecido a un hogar[106] y con ello dando un testimonio más sólido aún del amor de Cristo en

---

101 FC, núm. 56.
102 FC, núm. 50.
103 LG, núm. 1.
104 CIC, núm. 1397.
105 FC, núms. 47, 64.
106 FC, núm. 64.

el mundo. Así, "la familia cristiana, cuyo origen está en el matrimonio, que es imagen y participación de la alianza de amor entre Cristo y la Iglesia, manifestará a todos la presencia viva del Salvador en el mundo y la auténtica naturaleza de la Iglesia".[107]

El matrimonio realizado en el Reino de Dios

Un matrimonio que vive verdaderamente en Cristo, un matrimonio sobre el cual su escuela de gratitud y apertura ha dejado su marca de gozo y calor, es un signo del Reino que está llegando. Es una bendición para la pareja, para sus hijos, y para todos los que los conocen. Ofrece un signo de esperanza y un amoroso testimonio de la dignidad humana en un mundo en que la esperanza parece muchas veces ausente y en que la dignidad humana suele ser degradada. Es un signo del Reino porque el amor de Cristo mueve a la pareja casada a alturas de amor cada vez más grandes.

El amor matrimonial cristiano es una preparación para la vida eterna. Al final de los tiempos, el amor al que los cónyuges han sido llamados encontrará su plenitud cuando la Iglesia entera se suma en la gloria del Cristo resucitado. Entonces la Iglesia será verdaderamente ella misma, pues experimentará plenamente el amor de su esposo que se da a sí mismo: Jesucristo el Señor.

Ésta es la gloriosa cena nupcial del Cordero, al que el Espíritu y la Esposa dicen "¡Ven!" (Ap 19:9, 22:17). Tal como Cristo proclamó una vez la grandeza del matrimonio con su presencia en la fiesta nupcial en Canaán, así ahora, en el banquete nupcial celestial, el matrimonio y todas las bendiciones del Espíritu Santo, dadas a nosotros por el Padre a través de Cristo, su Hijo, encontrarán su consumación última porque estaremos en unión perfecta con Dios.

---

107 GS, núm. 48.

Un compromiso con el ministerio

En noviembre de 2004, nosotros, la Conferencia de Obispos Católicos de los Estados Unidos, hicimos el compromiso de promover, fortalecer y proteger el matrimonio. Pusimos en marcha una Iniciativa Pastoral Nacional por el Matrimonio a fin de comunicar desde el tesoro de nuestra fe católica el significado y valor del matrimonio y ofrecer apoyo y asistencia práctica para que éste florezca tanto en la sociedad como en la Iglesia.

Esta carta pastoral extiende y enriquece el trabajo de la Iniciativa Pastoral Nacional por el Matrimonio. Es un signo de nuestro compromiso permanente y de la prioridad que hemos dado al matrimonio en la misión evangelizadora de nuestra conferencia de obispos. Es una expresión de nuestra estima por el don de la vida y el amor matrimonial que las parejas comparten tan generosamente para beneficio de la Iglesia y la sociedad.

La Iglesia se edifica sobre los cimientos del matrimonio y la vida familiar, que ella valora como la escuela de una humanidad más profunda y una cuna de la civilización del amor. Por esta razón, tanto el papa Juan Pablo II como el papa Benedicto XVI han enfatizado que el ministerio pastoral en servicio del matrimonio y la vida familiar deben ser una urgente prioridad para la Iglesia.

Deseamos hacernos eco de ese mensaje y reforzarlo.

La visión de la vida y del amor matrimonial que hemos presentado en esta carta pastoral busca ser un fundamento y punto de referencia para las muchas obras de evangelización, catequesis, atención pastoral, educación y ayuda defensora llevadas a cabo en nuestras diócesis, parroquias, escuelas, agencias, movimientos y programas.

EXHORTAMOS a un renovado compromiso de toda la comunidad católica a ayudar a los llamados a la vocación de la vida matrimonial a vivirla de manera fiel, fructífera y gozosa.

NOS COMPROMETEMOS a ser una Iglesia que fortalezca el matrimonio, cobrando fuerzas de la gracia de Dios y a la vez usando creativamente los dones y recursos que nos han sido confiados.

LLAMAMOS a un ministerio integral y colaborador que se ocupe de los matrimonios. Debido a la complejidad y desafíos que enfrentamos hoy en la sociedad, nuestro ministerio debe ser tal que

- **Proclame y dé testimonio** de la plenitud de la Revelación de Dios sobre el significado y misterio del matrimonio
- **Acompañe y asista** a las personas en todas las etapas de su camino: desde los primeros años en que los jóvenes empiezan a aprender sobre las relaciones de compromiso, hasta los años posteriores de la vida matrimonial, e incluso más allá, en el duelo por la pérdida de un cónyuge
- **Invite e incluya** los dones de muchos, empezando con las parejas casadas mismas, y acogiendo también el servicio y testimonio ofrecidos por ministros ordenados y por mujeres y hombres dedicados a la vida consagrada
- **Aliente y utilice** muchos métodos y enfoques a fin de servir a los individuos y las parejas cuyas circunstancias en la vida, cuyas necesidades y cuya preparación y disposición a recibir el ministerio de la Iglesia pueden variar ampliamente
- **Celebre e incorpore** la diversidad de razas, culturas, grupos étnicos y herencias con que Dios enriquece al mundo y a la Iglesia, especialmente en nuestra nación

Finalmente, **RECONOCEMOS** con respeto y gratitud a todos aquéllos que trabajan para defender, promover, fortalecer, sanar y reconciliar matrimonios, mediante ministerios de la Iglesia o en otras profesiones y campos de actividad. **NOS COMPROMETEMOS** a colaborar con todos los que buscan crear una vibrante cultura del matrimonio enraizada en el plan de Dios para el bien de la humanidad.

Los obispos católicos de los Estados Unidos
noviembre de 2009

CARDINAL BERAN LIBRARY
ST. MARY'S SEMINARY

3 3747 00071 1512

BX 2250 .M3718 2010

El matrimonio

DATE DUE			
3/25/11			

**CARDINAL BERAN
LIBRARY
ST. MARY'S SEMINARY**
9845 Memorial Drive
Houston, Texas 77024

GAYLORD